教養としてのスーツ

センスなし、お金なし、
時間なしでもできる世界レベルの着こなし

井本拓海

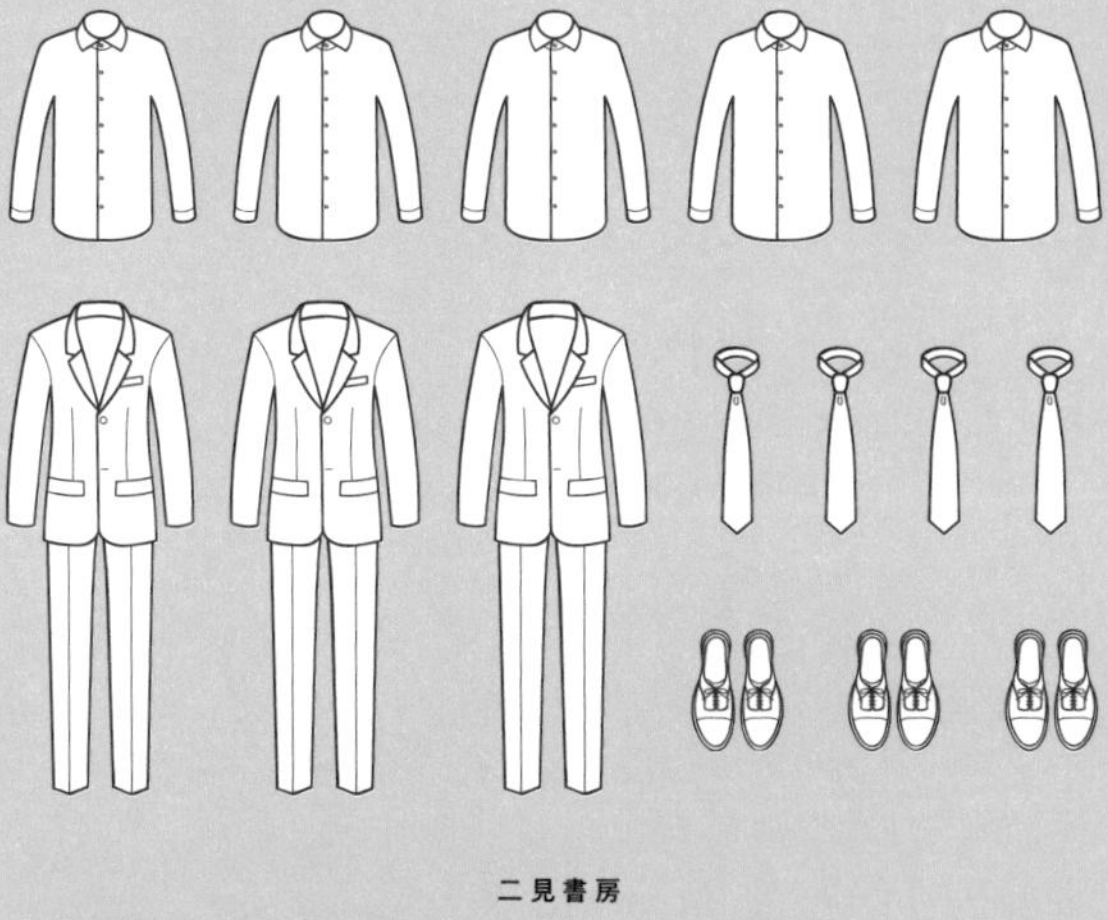

二見書房

はじめに――ルール、ミニマル、そしてクラッシック

世の中にはスーツをビシッと着こなしているカッコいい大人がいる一方で、ダサい大人たちもたくさんいる。いや、むしろダサい大人たちのほうが多いのではなかろうか。

僕はこの現実がどうしても許せなかった。

その思いが、この本を書くことになった直接のきっかけである。

カッコいい大人たちはどうしてそう見えるのか。答えを先に言ってしまおう。そういう人たちはみんな「スーツのルールを把握したうえで、自分なりのスタイルを生み出している」からである。TPO、あるいは仕事相手を念頭に置きつつも、許されるラインを見極め、特有の味を服装の中に忍ばせるといった自分のスタイルを体現しているのだ。たとえこのレベルに達することができなくても、ルールに忠実なスーツスタイルは、自己管理ができていることを周囲に示すことで信頼感を生み出すことができる。

僕たちは誰でもプロフェッショナルだ。若かろうが老いていようが、経験や役職があってもなくても、外部の人間に接するときは誰だって「会社の顔」になるからだ。

いや、社内でもしかりだ。プロフェッショナル集団の中にいるのだから、空気の読めない服装をしていたら誰も期待してくれないのは当然である。自己管理や信頼関係の重要性は、ここで改めて述べるまでもないだろう。

僕は25歳から海外業務を経験してきた。同期や同僚も日本人に囲まれて育った人たちに比べると、自分が若手であるという意識は自然と薄れ、会社の代表としてどう振る舞うべきかに頭を悩ますようになっていった。

その中で服装は厄介な問題だった。誰にも相談できない「仕事」だからだ。

ファッション指南本の類《たぐい》に手を伸ばし、あらかた読みつくすと今度は洋書も漁るようになった。しかし、どの本も総花的な解説に終始していたし、そもそも経済的に限界のある自分には、本が勧めるような高価なアイテムは高嶺の花だった。

「最低限必要なアイテムはどれか、どのデザインがビジネスではふさわしくて汎用性が高いのか、新社会人はどれから買い揃えればいいのか」という具体的かつ実践的なアドバイスが欲しかったのだが、アパレル業界にとってそうした情報はマイナスになるからか教えてはくれなかった。残念ながら、本も雑誌も「相手に敬意を示し、信頼を得る」というビジネススーツにあるべき最低限のニーズに応えてはくれなかったのだ。

僕は服飾系の専門学校で学んだこともないし、アパレル業界で働いたキャリアもない。

だが、一般的なサラリーマンのニーズは熟知しているつもりである。一ビジネスマンの立場から研究を始め、いつしかスーツの知識を蓄えていくことがライフワークになっていった。取り入れた知識はそのままにしていては何の意味もない。仕事で実践してこそ生きてくるのだ。インプットと実践を何度も繰り返し、言語化するように努めた。僕の知見は、先人たちの知識に裏打ちされ、さらに自身の失敗を生かし、徐々に積み上げてきたものだ。

さあ、そろそろ理想的なスーツスタイルの話を始めようではないか。

まずは本書の特徴を3つ挙げておこう。

① スーツのルールを網羅できる

あなたがまだスーツについて何も知らないのなら、この本はスーツスタイルに関する基礎知識を与えてくれるはずだ。すでにある程度スーツのルールを知っているならば、知識漏れのチェックリストとして機能するだろう。この本では海外でも通用するルールを網羅している。いつものようにGoogleで検索したなら、説得力のある歴史的背景を引っ張り出してきて、ディテールやら現代に残った経緯やらを細かく教えてくれるにちがいない。ただ、僕たちがいますぐ必要とすることは「網羅性」であって、知識の深さではない。確かに、詳細に調べれば興味深いことも出てくるだろうが、たいていの人の仕事には影響がないものばかりだ。じつは頭にインプットしておくべき情報はそう多くないのである。

また、年々カジュアル化の一途をたどるオフィス環境ではあるが、スーツをいっさい着ないという社会人は少ないだろう。日頃はカジュアルウェアでOKでも、1着はスーツが必要だという人も増えているはずだ。この本はその必要最小限の1着を選び、着こなすことにも対応している。さらに「オフィスカジュアル」というものがイマイチ理解できないという人も一度目を通してみてほしい。何がルールで基礎なのかがわかれば、逆にカジュアルとは何かがわかるはずだ。

②ミニマルで所有できる

ルールを知っていることと、所有することとは別次元の話である。もし、アルマーニやブリオーニのスーツ、あるいはあつらえたスーツを着ている人しか一流のビジネスマンではないというのであれば、僕たちはある程度の収入が得られるまでの長い時間、「二流以下」に甘んじる覚悟をしなければならないし、敬意をスーツで表現することをあきらめなければならなくなる。もちろん、一張羅を仕上げることに異論はないが、できれば最低限の知識を得たあとにオーダースーツを作ったほうが、満足度も高くなるし、愛着も湧くだろう。

たとえ「将来成功するから20万のスーツと10万の靴がいま必要だ」とパートナーに相談

したところで、交渉が成立する可能性はきわめて低い。パートナーは「お給料はいつ、いくら上がるの？」という皮肉をいうかもしれないし、子供たちは「そんなお金があったら最新のスニーカーが10足も買える」と不満を漏らすかもしれない。

スーツを日常に用いる仕事着として位置づけるならば、コストとパフォーマンスのバランスが取れたものを最小限揃え、丁寧に長く使っていくしか選択肢がないのだ。本書では最低限必要なアイテムの「数」も提示している。

③男の勝負服であるクラシックがわかる

ルールを守って、ミニマルに所有するだけでは、スーツは「制服」にしかなりえない。それだとビジネスシーンに配慮したメッセージを人に伝えることはできないし、信頼を得るという目的も果たせない可能性が高くなってしまう。いくらお金を積んでもすぐに英語を話せるようにならないのと同じように、センスというものも今すぐに身につけるのはどだい無理な話である。だが、幸いにして、そのセンスはショップの販売員に頼ることもできるし、ネットを探せばいくらでもアパレル関係者の情報を入手できる。その膨大な情報のストックを使わない手はない。ただ1つだけ注意が必要だ。トレンドである。

世代によって慣れ親しんだ音楽が異なるように、スーツのトレンドも時代によって変遷する。昔はよかったものが、現代だと好ましくないものにもなりえる。その逆もまたしかりである。どのように装えば、より多くの人から信頼を得ることができるか。それでいて、自分のよさをいかにスーツで表現するか。自分自身で学び、実践し、失敗と成功を経験しておく必要がある。そうしないと、制服に成り下がったビジネススタイルでその他大勢に埋没するか、業界のトレンドに流されるカモになるだけである。

ただ俺は時の洗礼を受けていないものを読んで、貴重な時間を無駄にしたくないんだ。
——村上春樹『ノルウェイの森』

この言葉は、僕たちに1つのヒントを与えてくれる。
「時の洗礼」を受けているということは、あらゆる世代に認められたことの証《あかし》である。人はそれを「クラッシック」と呼ぶ。実際、1870年代にスーツはイギリスで定型となり、1920~1930年代に定着した。スーツでお手本にすべきはその年代である。ファッション史ではエレガントな時代とされるが、当時スーツは一般的な人たちには敷居が高かった。しかしその後、世界各地に普及し、今日に至っている。男の勝負服は標準的であるべきで、少なくとも「場違い」であってはならない。時代を超越した魅力をしっかりと自分に叩き込むことこそが最優先だといえる。

したがって経済的に制約のある僕たちが、トレンドの影響を受けやすいカジュアルなものに飛びつく理由は何ひとつないと断言できる。クラッシックという言葉を30代の僕が語ることが滑稽に映るならば、「オーソドックス」といい換えてもいいかもしれない。ルール、ミニマル、そしてクラッシック。この3つのキーワードを基礎にして、「ビジネスマンに必要な」スーツスタイルの知識をいっしょに確認していこう。

入学式や卒業式、就活、就職、転職、プレゼンテーションや会議。そして、日々のビジネスシーンに向かうとき、スーツを新調することが多いだろう。タイミングは人それぞれだが、新しいステージを前にして自然と期待感が高まるにちがいない。

だが、いざ購入の段になって、本や雑誌に目をやると、長くて聞き慣れないカタカナ用語やオンスやインチというあまり馴染みのない単位に出くわすことになる。そのとたん高揚した気持ちがわずらわしさと不安に邪魔されてしまうのだ。

でも、安心してほしい。本書はそうしたマイナスの感情をすべて取り除くことを目的としているからだ。

読後には期待感だけが残っているはずである。

いや、スーツに対する確かな自信。そして、新しい時間の中で出会うすべての人から好感や安心感を得て、信頼まで勝ち取ることができるという確信。少なくともそこに確実に近づけるはずである。

第1章 シャツ SHIRT

第2章 スーツ SUIT

第3章 靴 SHOES

第4章 小物 ACCESSORIES

第5章 組み合わせ COMBINATION

ブックデザイン　ヤマシタツトム
イラストレーション　大野文彰（大野デザイン事務所）
ＤＴＰオペレーション　片野吉晶

第1章 シャツ
SHIRT

サイズ至上主義

Rule 1

いつもサイズが最優先

「選択の連続」が僕たちのビジネススタイルを形づくっていく。

服を買うときにはサイズや色、形、デザイン、素材を選択することになるが、その組み合わせが優れていることを人はセンスがいいという。じつはセンスというものは感覚という不確かなものではない。センスとは知識に裏づけされた「ロジックの集積」のことをいうのである。憶えることが面倒くさいと暗記から逃げる人間は、何をしてもけっして成功しないだろう。それは、一般に軽んじられがちなスーツを含むファッションにおいても同じである。

それがオーダーであろうが既成品であろうが、僕たちは何かしらの選択をすることになる。選択という判断を避けては通れないのだ。そして誤った選択の行き着く先は、誤ったビジネススーツである。日頃目にする周囲の人たちは何かしらのミスを犯しているといってもけっして過言ではない。無自覚に周囲を真似ることは、ミスを助長させることにつな

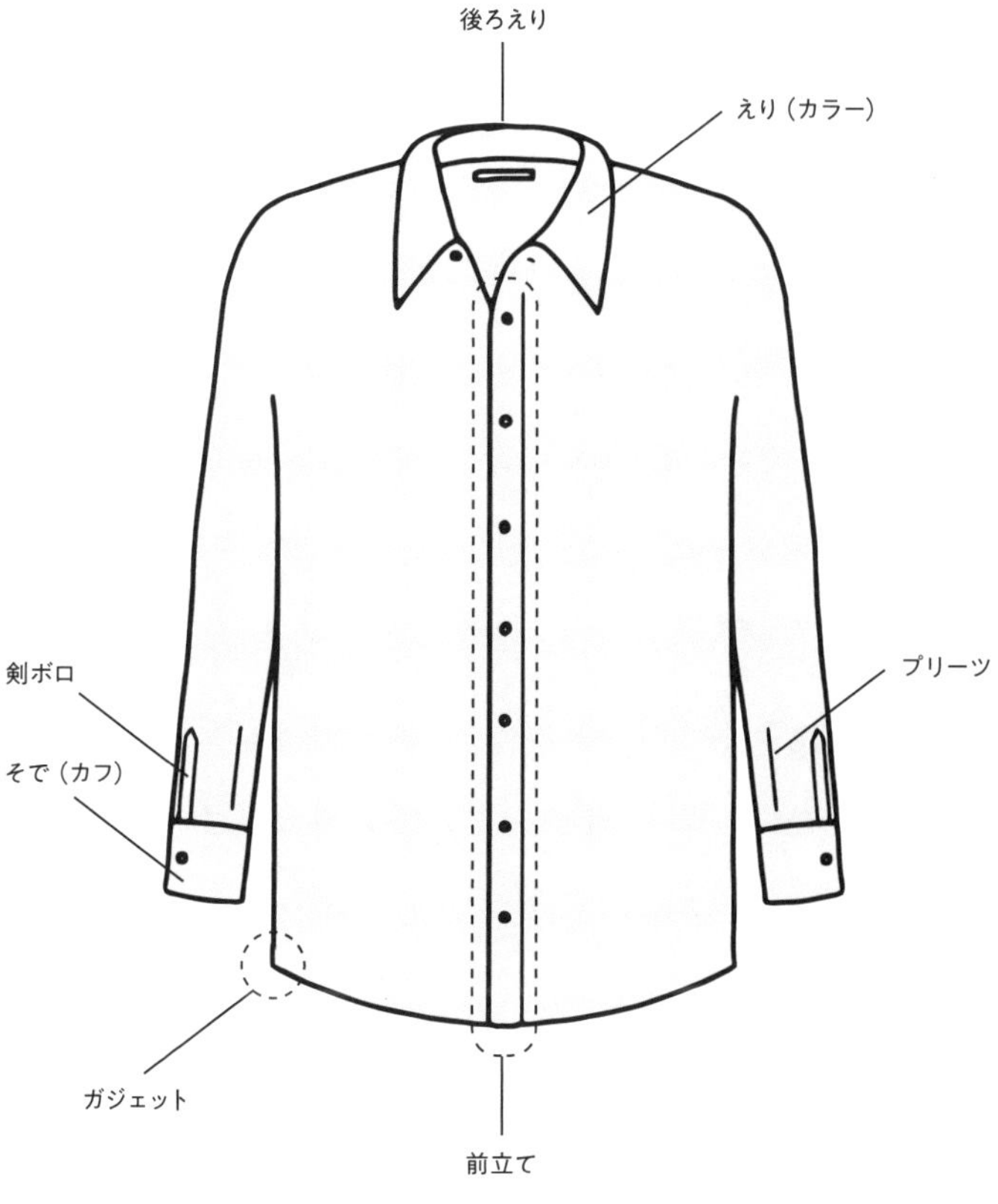
後ろえり
えり（カラー）
剣ボロ
そで（カフ）
プリーツ
ガジェット
前立て

がるおそれもあるのだ。

スーツやシャツ、靴のパーツの名前となるとよくわからないし、面倒だから見たくもないという意見も、かつての僕がそうだったので理解はできる。だが、スーツを着用する仕事についたのであれば、ある程度の知識を手に入れて、楽しんでしまったほうが幸福ではないだろうか。多少の知識が必要となるのはスーツに限ったことではあるまい。野球やサッカーの観戦にしたって、ルールや知識を憶えるにしたがって、見方も深まっていく。監督の戦術や選手の動きの意図がわかるようになり、ゲームをもっと楽しめるようになるはずだ。

この本で示すミニマルな知識があれば、なぜそれを買うのか、どういう場合に使うのかということが理解できるようになる。逆にルールを知らなければ、無数にある選択肢を前にして戸惑うばかりだろう。

ただ、ルールといっても複雑で難しいわけではなく、この1冊の本に集約してある。

基本的にビジネススーツに関わるアイテムの選択は、次の順番で狭めていけばいい。予算の都合やデザインなど気に入ったものがなかった場合でも、サイズをフィットさせれば誰でも洗練された姿に近づけるのである。

1 サイズ
2 素材
3 スタイルやデザイン
4 色やディテール

サイズが合っていないということは、代金に含まれる素材や工賃の価値をもゼロにしてしまう。細部が整っていたとしても、サイズが違うなら、購入を見送ることが唯一にして賢明な選択である。例えば、光沢のある良質なコットンのシャツがあったとしても、えりとそでのサイズが合っておらず、時計がそでに収まらないスタイルであれば、それは下品というものである。周囲には正しい着こなしができていないと映ってしまい、信頼はガタ落ちになってしまう。反対に、安価なシャツでも、えりとそでのサイズがぴったり合っていて、汚れのないシャツであれば、ビジネス上で信頼感を落とすことはないだろう。誤った選択をしないためにできる最も効果的なことは、誤った選択肢を最初の段階で切り捨てることである。

サイズは、それがシャツであろうがスーツであろうが最重要事項である。どれだけ品質がよかろうが、ブランドものだろうが、色が素敵だろうが、サイズに勝るものはない。サイズ違いのシャツ、それは他人のシャツである。どんなに気に入っていようがすぐに切り捨てるべきなのだ。結局、サイズの大きなアイテムを選んでいるとどうしてもダラしなく見えてしまう。ゆったりしたものを着ている本人はくつろげるのかもしれないが、無意識のうちに失っているものは計り知れない。

シャツがすべての始まり

Rule 2

シャツから揃える

スーツの本なのに、シャツから話を始めていることに少し違和感を覚える人もいるかもしれない。

だが、可能な限りサイズがフィットしたスーツを選び出すためには、まずシャツのサイズを徹底的に合わせなければならない。

街で見かけるのは、「すぐに身体が大きくなるから、大きめなものを買っておこうね」と少年時代に母親からいわれた金言を今も守っていると思われる方々である。これは、ビジネスシーンばかりか人前に出る場合はとても褒められたことではない。太ることを見越して服を買うのは、パートナーのご機嫌うかがいとしては効果的かもしれないが、とても弱気で男らしさのかけらもない態度といっていいだろう。

「女が一歩下がる時代じゃない。男が一歩先ゆく時代だ」と歌ったラッパーがいたが、いつまでも弱気な選択をしていては、僕たちが一歩先をゆく時代はけっして訪れないだろう。

素材がどこ産の原料だとか、どこのブランドだとかいうウンチクは、女性の前で優越感を味わいたいときだけにしておいたほうがいい。その労力をサイズというポイントに注ぐだけで、マイナスだった外見は確実にプラスへと転じる。9割以上の人がサイズの合っていないシャツとスーツを着て、それがマイナス評価になるとも知らず公共の場を歩いている。それに対し、たとえ安価なシャツとスーツだとしても、サイズが合ったものを身につけるだけで、1割のきちんとした着こなしを身につけたビジネスマンだと評価されることになるのだ。

ここで問題なのは、ジャストサイズを選んでいるにもかかわらず、実際には正しいサイズのスーツを着こなしている人が少ないという現実である。買った当人のセンスやそれを勧めた販売員、何も言わない周囲の親切心（?）というものが、それを生み出しているのではないだろうか。

スーツスタイルへの評価は細部を積み重ねてなされる。つまり掛け算だ。1つでもマイナスやゼロがあれば、そのスーツスタイルは醜態を晒すことになり、敬意を示すには不十分だろう。そればかりか信頼関係を築くビジネスシーンにおいて致命傷になる場合もある。

では、どう解決すればいいのだろうか。

繰り返すが、適切なシャツを選ぶことである。これが第一歩となる。

例えば、あとで説明するようにシャツのそでは1・5センチだけスーツのジャケットから覗かせるというルールがある。このルールをいかなる組み合わせにおいても守るためには、同じサイズのシャツ、同じサイズのジャケットが必要となる。正しいサイズのシャツがどういうものかを知り、手元に揃えていかない限り、正しいサイズのスーツというものには永久にたどり着けなくなってしまう。

サイズが合っていないということは、単に不格好に見えるというだけではなく、ルールを破っている可能性もおおいにあるのだ。

とにもかくにも正しいサイズのシャツを1枚ずつ揃えていこう。それが最も合理的かつ経済的な解決策といえる。オーダーも同様である。いきなりスーツをオーダーしようという気概はじつに素晴らしいことであるが、その前にまずはシャツをオーダーすべきだし、既製品と本書で知識を得て訓練を重ねていってほしい。そのほうが、より完成度の高いスーツをオーダーできるはずだ。

Minimal 1

シャツは5枚

実生活に即したミニマル

週に5日がオンタイムで、スーツやジャケットを着るとするなら、手元に5枚のシャツを買い揃える必要がある。

1着のスーツを買う際に、数枚のシャツもいっしょに買いましょうというアドバイスは無視してもいい。そもそも、ミニマルを考えれば、汎用性の高いシャツを選ぶべきだからだ。ただいたずらにアイテムを増やしたところで、結局タンスの肥やしになるだけだ。持っているシャツのすべてが手持ちのスーツや将来買うスーツに合うのであれば、シャツを増やす必要はなくなる。

足し算は素材の粗を隠すためにやることで、スーツスタイルの検討と実践は引き算で考えないとならない。そうすれば、統制が生まれ、素材が引き立つことにつながるのである。具体的には、色や柄を減らすことだ。なんとなくという気持ちでタイピンやカフスをしてはならない。引き算は、全体のコーディネートを地味にするが、統一感や一貫性を生み出してくれる。その結果、スーツそれ自体と「あなた」という素材を引き立たせることになる。理想的なクローゼットは、シャツやスーツ、タイを1つずつ任意に選んだときに、どの組み合わせでも問題がない状態だ。むやみにアイテムを増やすことは、あなたを経済的にも困窮させるだけである。

では、数を減らすのはどこまで可能なのだろうか。

例えば、手持ちのシャツを3枚や4枚と考えたらどうだろう。確かに、洗濯とアイロンをこまめやればそれでも乗り切ることはできる。ただ、あとで説明する管理の面からこれはオススメできない。シャツは50回の洗濯とアイロンで寿命が来るからだ。それを過ぎると清潔な状態を保つことはできず、どこかにほころびが生じてしまうおそれがある。1年は52週なので、シャツの寿命ともほぼイコールである。年に一度はシャツを総入れ替えすると決めれば管理は簡単だろう。さらにはシャツの風合いを損なわず、清潔に着るには日々の手入れが必要となる。平日は仕事に集中することを考えると、やはり5枚が好ましいのである。

ここでクールビズというまったくクール（カッコいい）ではない悪しき慣習について考えてみよう。

クールビズに対応していることをアピールしたいならば、ボタンダウンのシャツを用意するといい。タイを締めなくても格好がつくからだ。

タイのないスーツスタイルは望ましいものではないが、相手の気遣いには快く応えるほうがビジネス上好ましいだろう。下手に自分のスタイルを貫いた結果、相手の気分を害するようなことがあれば元も子もない。事前に予想できるリスクは、あらかじめ手を打っておいたほうが賢明である。

そうはいっても、シャツからタイを外せばクールビズスタイルの完成と考えるのは短絡的すぎるというものだ。原則的にタイなしのスーツスタイルはありえない。僕は、仕事相手から促されない限り、タイを外すことはない。ただし、その際、ベーシックなシルクのタイではなく、ニット素材のような凹凸感のあるタイをすることで、見た目にも涼しくする。また、シャツはボタンダウンでなくても、オックスフォードのように凹凸のあるものにして工夫するのもいいだろう。それにより生じる陰影は、飾りの1つだと考えてほしい。つまり、飾り（凹凸）が増えれば、カジュアルにシフトするということである。

もっとも、スーツを着る必要がないのなら、カジュアルウェアにしたほうが潔いだろう。近年のオフィスのカジュアル化は、着用者とそれを見る人の快適さを目的の1つとしているのだから。その場合、えりのある鹿の子のシャツは重宝するにちがいない。ただし、ズボンや靴、ベルトもスーツスタイルとは別に考える必要がある。カジュアルには追加料金がかかるのだ。

一般的には、タイがなくても様になるシャツは2種類しかない。1つはえりをボタンで固定するボタンダウンのシャツ。もう1つは、ホリゾンタルカラーといわれるえりの開きが180度に近いシャツである。

ただ、ホリゾンタルカラーはその形状から、顔が面長の人には顔の特徴を相殺するのでフィットするが、それ以外の顔の形の場合、より顔の横幅が強調されてしまうことになる。これは着用者を選ぶのだ。また、ホリゾンタルカラーに正しくタイを結ぶならば、ノット(タイの結び目)は大きくならざるをえないし、それはそれで暑苦しいものである。

消去法でいくと、ボタンダウンに軍配が上がることになる。

ミニマルとは単純に数を切り詰めればいいというわけではない。手入れや寿命まで考慮して所有数を決めるべきなのである。ここで注意しておきたいのは、僕のいうミニマルとは、あくまでも実生活に即した提案である。普通の人には実現困難で数が少ないことを信条とするひどく偏った考えではないことを改めて強調しておきたい。

したがって、半そでシャツはこの意味でも不要となる。あなたが暑がりだとしても、冬に半そでシャツは着ないだろう。「最小限のものを揃える」という点を考えると、どうしたって長そでに分がある。暑いなら場をわきまえたうえで、肘より下の位置でそでを捲くればいい。

Rule 3

後ろえりが1・5センチ覗く

サイズ合わせの優先順位

一口にサイズを合わせるといっても、えりやそで、胴回りなど多くのポイントがある。ただ、優先順位を押さえておけば、既成品でも満点に近いサイジングが可能になる。

なお、靴を除いたいずれのアイテムでも購入後にサイズ調整をするのが基本である。身体にフィットするシャツは、選ぶというよりも、むしろ既成品を調整しながら創り上げるものである。それが面倒だというのであれば、オーダーするしかない。オーダーは優れていると思うが、それはあくまで既成品で知識やサイズ感覚、自分の好みを理解し、こだわりができてからでいい。なぜなら、さまざまな選択には知識が前提になるからだ。既成品よりもオーダーのほうが「教養」が試されるのである。個人の知識や好みの反映されていないオーダーは、販売員任せの既成品でしかない。そのようなオーダーに既成品の2倍以上のお金を払う価値があるのかよく考えてほしい。それは、スーツでも靴でも同じことである。

さて、優先順位であるが、サイズ変更や調整が難しい箇所を考えていくといい。つまり、シャツであれば首回りである。そでよりもえりを先に合わせるようにするのだ。

首周りのサイズ違いは隠すことができないが、そで口はボタンかカフスを手首と隙間なく留めれば、長さを調整することができる。また、アイテムの足し算はあまり好ましくはないものの、アームバンドを使ってそでを調整するという手もある。ジャケットを脱がないならば、正しい位置にそでをキープできる。間違っても、そでの長さはぴったりでも、首周りが合わないものを選ばないようにしよう。間抜けに見えるVゾーンを作り出すだけだからだ。そのままタイを締めたら、首元にシワがよってもっと見苦しくなってしまう。

首周りのサイズについては、指1本から2本入る程度がいいと説明する販売員もいるし、本でもよく見かけるアドバイスだ。これは素材が縮むことを前提にしている。だが、高い番手、つまり細い糸で織られたシャツはあまり縮まない。首元に指が入るくらいのサイズだとブカブカに映るし、タイをきっちり締めると生地が首元でよれてしまうおそれがある。ジャストサイズかどうかの判断を安直に他人にゆだねてはならない。常に喉仏の下でシャツの第一ボタンが隙間なく留まっていることが正しい着こなし方である。洗濯すれば生地は縮むため、シャツメーカーはそれを考慮してシャツを作っている。試着が許されないときこそ、販売員を頼るべきである。「よけいな隙間ができないようにジャストフィットでシャツを選びたい」という要望を伝えたうえで、縮みに関する助言をしてもらうといいだろう。

もう少し補足しよう。糸の番手は一定の重さに対して、長さがいくらあるかを測定して数値を求め、番手が高いほど糸は細くなり高価になる。ただし、番手が高いほうがよりいい選択かというとそうでもない。番手が高ければ高いほど光沢は増し見栄えはするものの、生地は繊細になるため、取り扱いには注意が必要になるし、アイロンの際にシワも取れにくくなってしまう。ビジネスマンが日常使いにするなら、80番手のシャツでも十分だろう。番手の情報は、確かに1つの判断材料になりえる。ただし、4000円台のシャツは基本番手の記載はないし、オーダーの場合番手のあるなしはそれぞれで、ユーザーが把握できないことも少なくない。したがって、高い番手というだけで優れたシャツと判断するのは、あまりいい考えとはいえない。

最後にルールに関わる部分だが、後ろえりの高さは4・5センチを基準とするが、首が長いならば4・5センチでもいい。リスクを避けるなら手元の5枚とも4センチで揃えたほうがいいだろう。スーツによってシャツを買い替えるのは不経済なので、サイズは必ず一定にしておくできである。後ろえりはジャケットから1センチから1・5センチ程度見せるようにしないとならないので、もし、えりの高さが異なるシャツが混在していると、そのつどスーツから覗くシャツの長さが変わることになる。そうならないように、アイテムのサイズを一定に保てば管理が簡単になる。そして、いつも変わらぬ外見でいることは、周囲に安心感を与えるというメリットもあることも忘れてはならない。

これはルールだと覚えておこう。

そでのサイズと役割

Rule 4

両そでも1・5センチ

首周りの次に優先すべきなのはそでと手首周りの長さである。

そではボタンやカフスをしていない状態で、そでの先が親指の付け根あたりまで来るのが最適である。ボタンを締めたときに少したるみができるくらいがいい。なぜなら、日常生活では、手を曲げれば当然シャツの生地は引っ張られることになるからだ。夏になるとシャツ姿を見かけることが多くなるが、たいていの人は手首ぴったりに長さを合わせていることがわかる。これだと、ジャケットを着て手を上げたり、曲げたりしたときにシャツが見えないリスクがある。

手を曲げてもジャケットからシャツのそでが見えているのがルールである。このため、本来の手首の長さよりも5センチ程度余裕をもたせておく必要がある。指先から測るというような合わせ方もあるが、手の大きさも人によってさまざまなので、可能なら試着してみて、手を上げ下げして、さらに手首の出っ張った骨から5センチを追加して適切な長さを確認してほしい。オーダーなら、フィッターと相談すればいい。何もいわないでも適切な長さに調整してくれる。

手首周りは購入時のままにしている人が多いが、これはけっこう目立つポイントなので、たとえ0・5センチの隙間だとしてもお直しをしたほうがいい。手首周りも首周りと同様、ムダな余裕は必要ないのだ。

理由は2つある。長さは適切でも、手首周りがブカブカだとシャツは手首からずれてしまう。そのため、手を曲げてもいいように配慮した長さがアダとなってしまい、1・5センチ以上ジャケットからそでが出てしまうことになる。夏になるとそでのボタンを留めていない人も多く見かけるが、シャツを着崩すのが許されるのは高校生までだ。

細かいかもしれないが、海外でもビジネス相手とミーティングする場合、手は机の上に出しておくのがマナーである。その場合、手首周りとシャツの隙間が相手に見えることになる。つまり、些細な箇所にも気を遣っているのか無頓着なのかがちょっとした仕草でバレてしまうおそれがある。

では、どうしたらいいのだろう。

これはボタンの位置をずらすことで解決できる。費用は両方で1000円程度である。両方ダブルでも切込みの部分を深くしてカフスを留めれば、隙間をなくすことができる。両方で2000円程度もあれば調整できる。

既製品を買うときに、2つ確認するポイントがある。

1つはシャツのそでボタンである。ボタンホールが1つであるにもかかわらず、ボタンが2つあることに疑問を感じたことはないだろうか。これは量販店の安価なシャツによく見られるが、メーカー側がサイズ調整の手間を省くために、事前に2つつけているだけなのだ。自分の手首に合ったサイズのほうを残して、もう1つは捨ててしまってかまわない。オーダー、あるいはシャツメーカーの場合、ボタンは1つしかない。

ただし、既成品でボタンが1つの場合、サイズが適切ではないことも少なくない。そうした場合は自分で調整しなければならない。その際、次の点を確認しておこう。手首の調整をするとき、あらかじめ時計の幅や厚みを考慮することである。

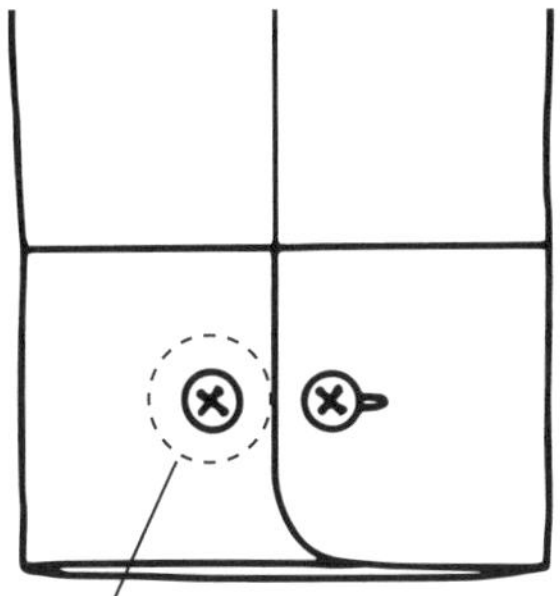

右利きであれば、左に時計をはめるだろうから、当然左手首が時計の厚みのぶんそでは太くなる。時計をはめた状態で手首周りのサイズがジャストサイズになるよう心得るべきである。もし、左右同じサイズにしてしまうと、左右のシャツのそでとジャケットのバランスが崩れてしまう。左右対称であることが美しさの1つであることを考えると、時計に邪魔されるシャツスタイルは美観を著しく損ねることになる。

また、時計によってシャツがせき止められると、シャツのそで先と時計が頻繁にこすれることで劣化が早まるおそれもある。

じつはシャツのえりとそでを1・5センチ覗かせるのには機能的な意味もある。スーツやジャケットを傷めず、より長く、清潔に使

時計はシャツで隠れる

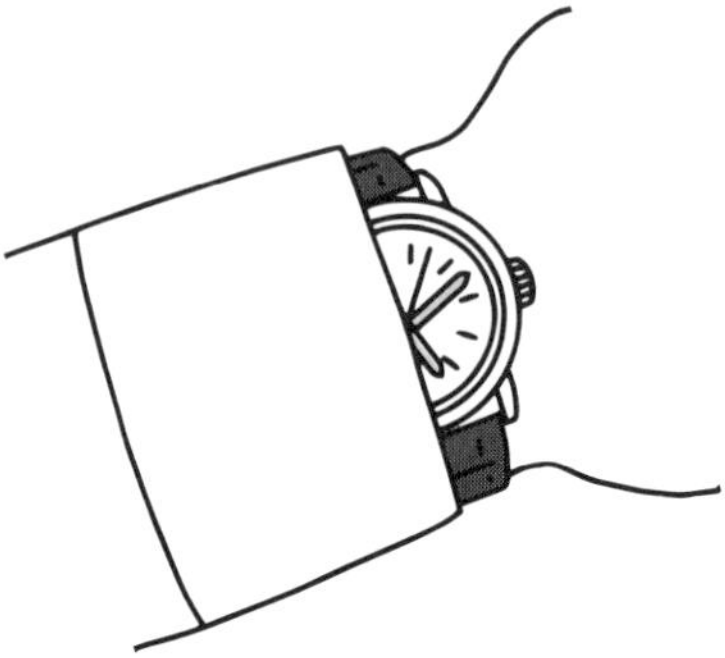

えることにつながる。スーツは高価なのでできるだけ長く使いたいものだ。スーツのえりとそでが直接肌に触れるとなると、すぐに汚れてしまい、他人に不快感を与えてしまう。当然だが、スーツはシャツ以上に手入れが難しい。頻繁にジャケットを買い変えることも不経済である。

このことを知っていれば、オフタイムにシャツの上にセーターを着る場合など、ほんの気持ちだけシャツのそでをセーターの下から覗かせる工夫ができるようになる。セーターも淡い色であればそでは汚れやすいからだ。また、見た目にも清潔感が生まれる。スーツのルールを知っていれば、カジュアルにも応用できるのだ。

さて、このようにえりやそでを1・5セン

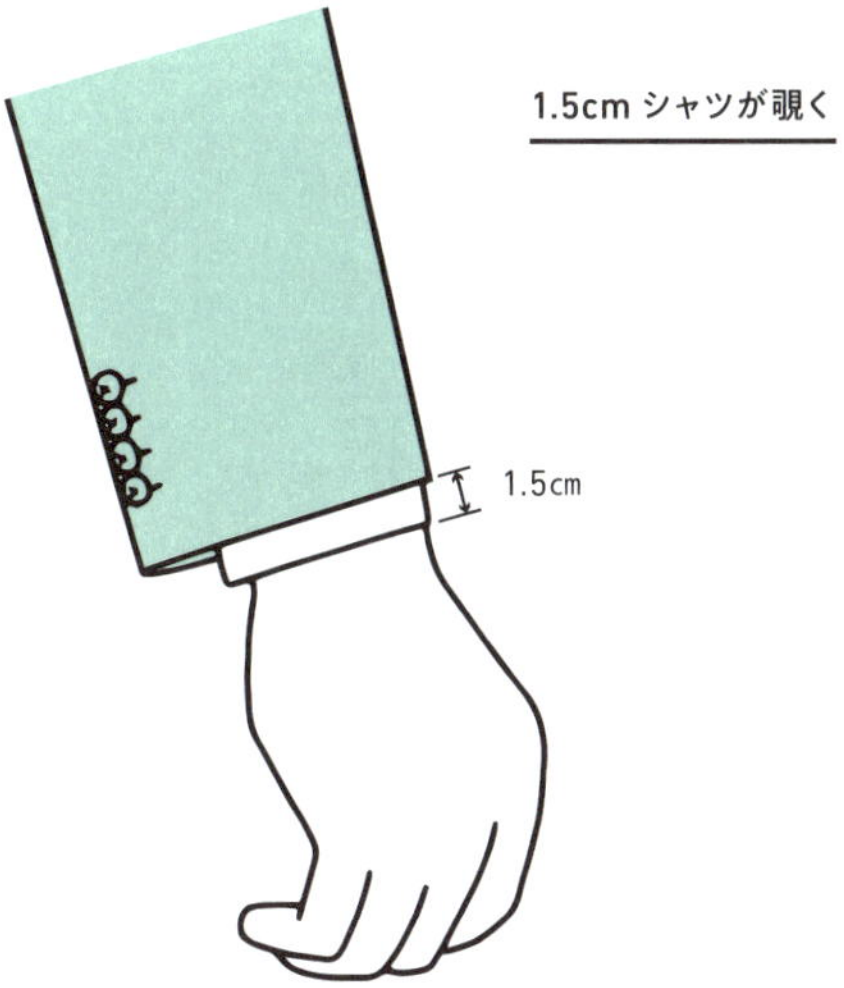

チ出すというのは広く知られていることに加え、「シャツは下着である」というフレーズも耳にしたことがあるだろう。

これには諸説あるが、19世紀には、男性の下着の多くはリネンを素材としていた。シャツも下着同様に、上着が汚れてしまうことを防ぐ役目がある。このような機能的な背景から、1940年代までは公共の場ではシャツだけのスタイルというのは品のいいことではなかった。ただし、シャツを着てえりとそでを少しだけジャケットから覗かせることは、上流階級であることを示すサインでもあった。洗濯機のなかった時代、人の目に触れる場所を汚れなく保てることは、誰もができることではなかったからだ。幸いにして、現代に生きる僕たちは、ちょっとした工夫で清潔なシャツを毎日着ることができる。

ここで1つ注意しておきたい。本書ではできる限り具体的な数字を挙げて、ルールを定義している。しかし、美しさや雰囲気を創り出すのは、調和や一貫性であって、けっしてミリ単位の「正確さ」ではない。したがって、寸分狂わないようにスーツの状態を四六時中確認することは、客観的には自意識過剰どころか醜く見えることもあるので注意したほうがいい。

素材選択に対する姿勢

Classic 1

コットン100％一択

正しいサイズの次は素材である。生地はコットン（綿）100％一択だ。

この本のキーワードの1つはクラシックである。クラシックとは、時代を超えて残っていることを意味する。それは広く認められていて、信頼感を生み出すことができるものだ。コットンの栽培は約8000年以上前から始まったとされている。

一方、化学繊維のシャツというものがある。これは価格を下げ、機能を高めることを目指したもので、日々開発され販売されている。もしかしたら、これらの製品は数十年後、数百年後にクラッシックとして認められる日が来るのかもしれない。しかし、数年や数十年の単位のものにクラッシックとラベリングするには時期尚早である。

機能的に見てもコットンが優れているのは明らかだ。

シャツは汗を吸収し、皮脂の汚れからスーツを守ってくれる機能を持っている。汗をかいて肌にぴったりくっついてしまうのは、化学繊維が入っているからで、最悪、蒸れた匂いが周囲に漂ってしまう。それとは逆にコットンは汗を吸収し、速乾性もある優れた素材である。

このようにクラッシックを現代で体現するためには、機能性をアピールする最新のものを選ぶのではなく、基本的には長い歴史のある天然素材を選ぶと間違いは少なくなる。

同じように、もしボタンが選べるならば、プラスチック素材は避けたほうがいい。長らくシャツに用いられてきたボタンは貝ボタンだからだ。ボタンが装飾品だという感覚はあまりないかもしれないが、たいていのオーダー品はボタンを選択できることや、少し上の価格帯のジャケットやシャツを見れば、装飾としてのボタンの役割は明らかである。コットンのような機能性はないが、貝ボタンはスタイルをレベルアップさせる効果がある。時計や靴に比べたら、ボタンはずっと安価である。人目につきやすい場所でもあるので、費用対効果は十分にあるだろう。

では、これらを考慮してシャツを選ぶときのコストはどうだろうか。コットン１００％のシャツはなんと６０００円代で手に入れることができる。しかも貝ボタンである。量販店にあるコットン１００％ではないシャツと比較すると、２０００円程度高くなるが、５枚買い揃えてもその差額は１万円程度である。ちょっと節約すればすぐに捻出できるはずだ。また、形状記憶のコットン１００％のシャツもパターンオーダーで１万円程度で購入できる。

快適でクラッシックなアイテムを身につけるための先行投資と考えよう。

なお、ストライプとか変なステッチがあるとか、そでやえりの内側にチェックの柄があるというような変化球は自己主張の方向性を間違えていると思ったほうがいい。まず尊重すべきはサイズと素材であって、あとの選択肢はすべて二の次だ。だが、二の次だからといって、なんでも自由に選んでいいわけではない。

次の項ではそれらのポイントを見ていこう。

Minimal 2

シャツの生地と柄の考え方

基本としてのブロード

最初に揃えるシャツはブロード一択である。ブロードとは、平織りの生地で、たて糸とよこ糸に同じ太さの糸を使用し、たて糸をよこ糸の倍くらいの密度に織るものだ。表面には光沢があり、高い番手になるほど光沢が増すという特性がある。

生地の織り方は、素材とも関係している。繰り返しになるが素材はコットン100%。ブロード生地は表面に光沢が生まれるからスーツに合う。後述するように、セミワイドスプレッドカラーでポケットはナシ、それにブロード生地。まずはこのシャツを買い揃えよう。シャツのフロントボタンの部分の生地が内側に折り返っている裏前立て（フレンチフロント）のシャツを基本とする。織柄があるシャツもよく見られるが、最初の5枚では不要である。このように断言できる理由は柄の問題があるからだ。タイの選択など全体のコーディネートにも関わる部分なので、少し長い説明におつき合いいただきたい。

柄の数え方

ジャケット	柄	ストライプ	シャドーストライプ	無地
	柄数	1	0.5	0
シャツ	柄	ストライプ	オックスフォード・織柄	ブロード
	柄数	1	0.5	0
	前立・飾り	首内側の模様など	ステッチなど・表前立て	後前立て
	柄数	1	0.5	0
タイ	柄	ドット、ストライプなど	ニット素材など	ソリッド（無地）
	柄数	1	0.5	0

・ブロード生地は柄0とカウントする。スーツやタイとの兼ね合いから、シャツの柄は0柄もしくは、0・5柄が望ましい。

・織りで表現した柄は、0・5柄とみなす。ストライプやドットのような柄は1柄とカウントする。ちなみに本書ではストライプのシャツはオススメしない。織り目がブロードよりもはっきりしているオックスフォードは0・5柄とする。簡単にいえば、凹凸が目に見えてわかれば陰影がつくのだ。この陰影を0・5柄とみなす。ボタンダウンを選択するとたいていオックスフォードで作られているため、0・5柄となる。

・表前立ても飾りという意味で、0・5柄とカウントする。ジャケパンのときは、シャツのフロントボタン部分の生地が表側に折り返っている表前立て（プラケットフロント）のシャツとして、若干のスポーティさを演出するのもいい。生地は凹凸のあるオックスフォードを選択する。

第5章でも見るが、全体のコーディネートでは1・5から2柄であれば落ち着いて見えることになる。例えば全体を少しカジュアルダウンさせる場合、ジャケットを無地（0柄）として、タイをストライプやドット（1柄）、織柄のシャツ（オックスフォードで0・5柄）、表前立て（0・5柄）とし、ジャケパンスタイルで合計2柄が完成する。

また、スーツがストライプの織り（シャドーストライプ）ならば0・5柄となり、ストライプのスーツならば1柄とカウントする。仮にスーツがストライプ（1柄）でシャツに薄くても織り（0・5柄）が入っているならば、その時点で1・5柄となる。ここに、ストライプやドットという柄のあるタイ（1柄）を合わせると2・5柄となってしまう。つまり、タイの選択肢はソリッドタイ（0柄）しかなくなってしまう。

その反対に、ストライプのスーツ（1柄）、ブロード生地（0柄）のシャツを合わせれば、タイに柄（1柄）を持ってきても合計2柄となり、落ち着いた着こなしをキープできる。ただ、このときに表前立て（0・5柄）を持ってくると2・5柄となり、ルールである

2柄を超えてしまう。したがって、ブロードには裏前立てを用いるほうが柄の数の観点からもルールを守れることになるのだ。

このルールには汎用性もある。例えば、ボタンダウンを選んだ時点で自動的にオックスフォードの生地（0・5柄）に加え、表前立て（0・5柄）なので合計1柄と見なせることからも、ブロードのシャツよりもカジュアル寄りのシャツと数字で理解できるようになるのだ。

この考え方でいくと、夏場によく見かける飾りの多いボタンダウンは、ビジネスシーンでは完全にアウトとなる。

なぜかというと、ボタンダウンのシャツと同様に生地と前立てで1柄。ステッチなどの飾りがあれば0・5柄。さらに、シャツのえりやそでの内側にチェックの模様などがあれば1柄加算と考える。つまり、なんとシャツだけで合計2・5柄となってしまう。この時点で、落ち着いたコーディネートからはかけ離れる。これに、タイ1柄に格子柄のジャケットを合わせるなら合計4・5柄。ズボンにも柄があれば、5・5柄となる。色調が好ましい組み合わせだとしても、柄だけで賑やかさと自己主張が激しくなり、たとえ高価なものでも粗野で安っぽく見えてしまう。控え目にいっても、上品とはいえない。

このように、柄が増えれば増えるほど、また飾りが増えれば増えるほど、全体の調和を

柄の数え方の例

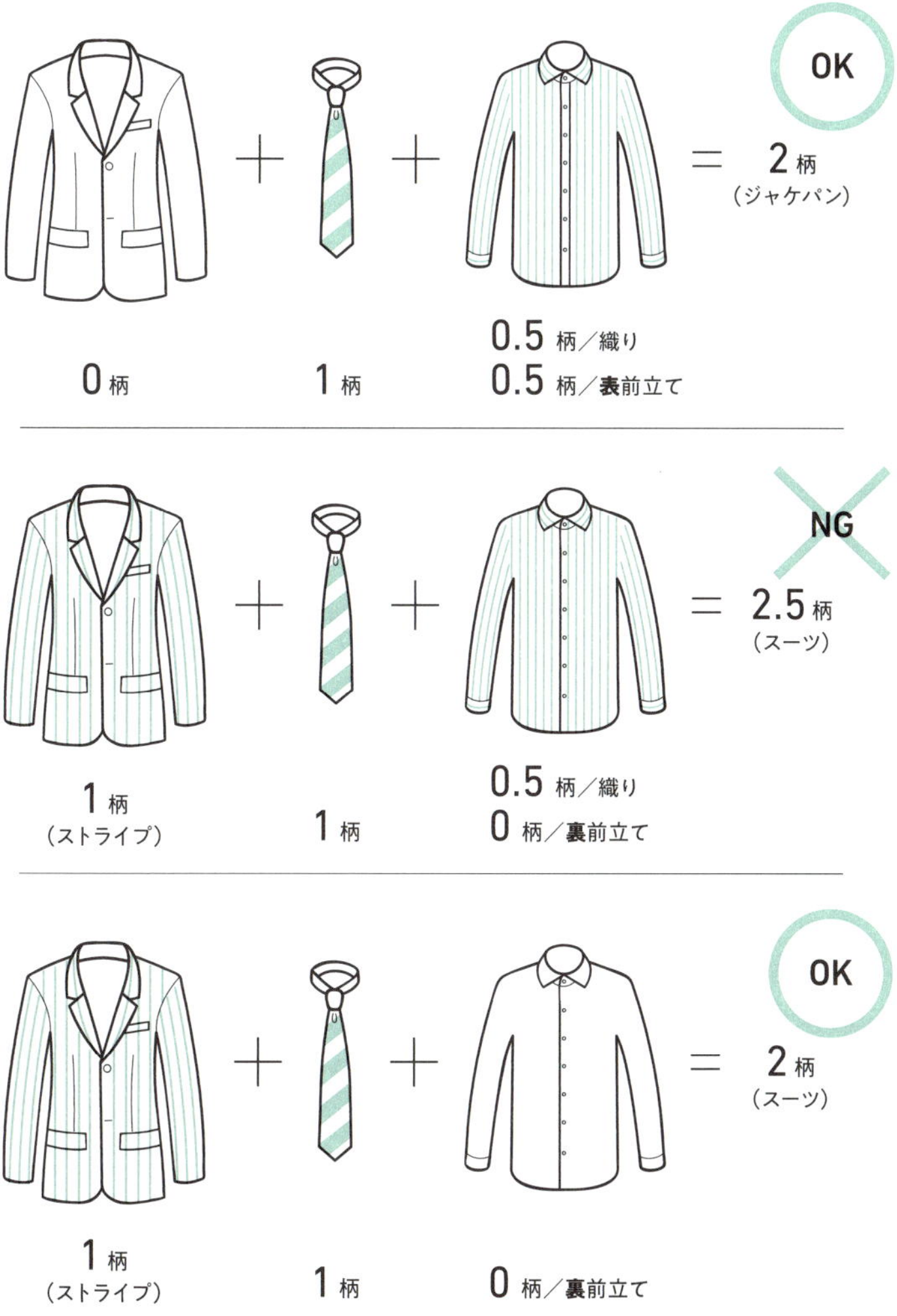
OK
＝ 2 柄
（ジャケパン）
0 柄
1 柄
0.5 柄／織り
0.5 柄／表前立て
NG
＝ 2.5 柄
（スーツ）
1 柄
（ストライプ）
1 柄
0.5 柄／織り
0 柄／裏前立て
OK
＝ 2 柄
（スーツ）
1 柄
（ストライプ）
1 柄
0 柄／裏前立て

保つことは難しくなる。そして、組み合わせを考えると、汎用性というものを犠牲にしてしまうことになる。そうした理由でシャツはまずブロード生地（0柄）をオススメする。

ちなみに、柄を多く使っているのに全体が調和している人は、真の意味でセンスがいいといえるだろう。なぜなら、それぞれのアイテムの色や柄の選択だけでなく、全体の色調や生地の質感、見える量と印象の違いというようなことも考慮に入れた選択をしなければならないからだ。ただし、やはりミニマルを志すなら、当面はこのような多くの柄を使うことは避けるほうがいい。本書では、できる限りコストをかけず、手間もかけず、センスも磨かずに一定の質を保つことを目的にしている。

柄を制限するのは、クラッシックだけでなく、カジュアルなスタイルにも共通した考え方である。

会った人が幼く見えるとか、どこか落ち着きのない印象を受けたときは、その人の身につけているものの柄をカウントするといい。2柄よりも多いことがわかるはずだ。服装に高い意識を持っている人ほど、柄には敏感であり、使い方を吟味している。これは、あまりいわれないことだがルールの1つといえる。

繰り返しになるが、この基本をマスターしたうえで、3柄や4柄でも全体の調和を保てるような着こなしを創り上げることはスタイルに通じるだろう。ただ、それは基礎をマスターしてからの話である。

えり形も一択

Classic 2

セミワイドスプレッドカラー

デザインはサイズや素材よりも優先順位は低いが、購入するときには迷ってしまうものだ。勇気を出して販売員に説明を聞いてみても、なんだかわからないカッコいいカタカナが並び、しまいにはどれでもよさそうに思えてくる。

デザインは選択肢が多すぎることがアダとなり、正しく選択できていない人が多い。これはオーダーやブランドものでも同じである。ルールを知らなければ、正しい選択などできるわけがない。結果、世の中には正しいスーツとシャツを着ている人が少なくなる。だが、解決策は明快だ。シャツをパーツごとに分解して考え、正しい選択肢とは何かを知るだけである。

スーツスタイルにおいて、真っ先に人目に触れるのは顔と手先なので、サイズ同様えりとそでには注意してほしい。本や雑誌でもさまざまなえりの形が紹介されている。その長ったらしく、聞きなれない名前にうんざりしてしまう人も多いだろう。

しかし、安心してほしい。この本は、アイテムの量だけでなく知識についても最低限（ミニマル）なものしか書いていない。たいていの本では違いを理解するために、多くのえりの種類を紹介しているが、それらを憶える必要はない。

・セミワイドスプレッドカラー

あなたが憶えるべき用語は「セミワイドスプレッドカラー」だけである。えりの開きの角度はメーカーによって異なるが、100から120度である。「メーカーズシャツ鎌倉」はこの角度のシャツをワイドカラーとして販売している。多くの本ではセミスプレッドカラーは90から120度とされているが、90度であれば、レギュラーカラーと大きな差はない。100度以上のものを選ぶべきである。一方、120度以上になると、顔の幅が強調されてしまう。さて、この長い用語を憶える理由を5つ挙げてみたい。ご一読いただければ、セミワイドスプレッドカラーという言葉は絶対に忘れなくなるだろう。

◎理由1

セミワイドスプレッドカラーが、顔の形とえりのマッチングを考えた際、最も汎用性がある。

丸顔であれば、えりの開く角度が狭いレギュラーカラー。一方、面長であればえりの角度が広いワイドスプレッドカラーを選択すれば顔の特徴を和らげるため、好ましい組み合わせだとされている。ただ、自分の顔がどういう形なのかよくわからないという人も多いはずだ。でも、あらゆる顔の形にマッチするえりの形があれば、わざわざ自分の顔の形を調べる必要もない。セミワイドスプレッドカラーがまさにそれで、どんな特徴の顔にも合うようにできている。

◎理由2

セミワイドスプレッドカラーは、ジャケットのゴージラインと平行になる。ゴージラインとはジャケットの上えりであるカラーと下えりであるラペルが接する部分のことを指す。シャツ単体であれば「理由1」だけで話は終わりだが、ジャケットのゴージラインとシャツのえり山（えり羽根）とを平行にすれば、Vゾーンがすっきりして見える。たいていのジャケットの場合、ゴージラインと平行になるのは、セミワイドスプレッドカラーだけである。

えりがゴージラインと平行になる

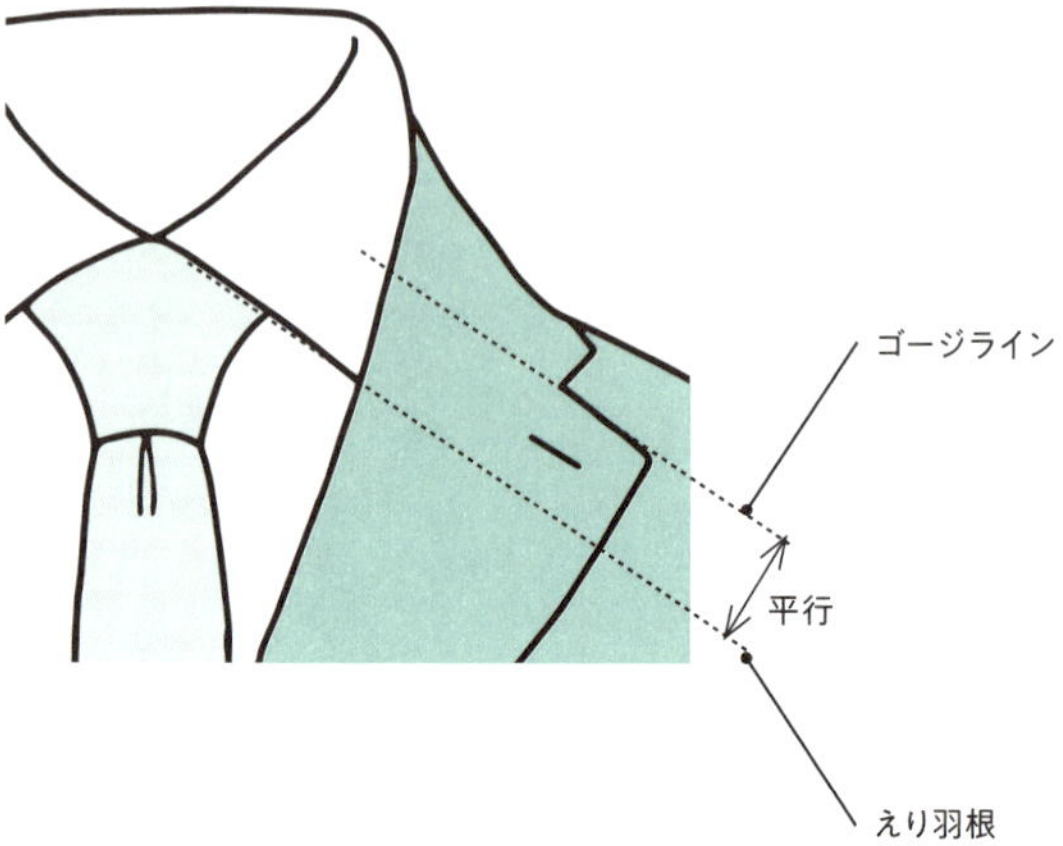

◎理由3

セミワイドスプレッドカラーは、えりの剣先の収まり具合がいい。ジャケットを着たときに、レギュラーカラーであれば通常えりの先が見えてしまう。そうすると、えりの先とジャケットのラペル部分に隙間が生じることになる。それに対して、剣先がジャケットに収まるセミワイドスプレッドカラーだと見た目にも美しい。レギュラーカラーはかしこまって見えるのでクラッシックだという意見もあるが、残念ながら近年のスーツスタイルには当てはまらない。蛇足だが、レギュラーカラーの見事な見本は、映画『ガタカ』のイーサン・ホークである。ダブルのジャケットで、若い方には縁遠い着こなしだが、Vゾーンのすべての三角形が見事に調和している。だが、これを真似すると少しノスタルジックすぎるかもしれないし、そもそもダブルのジャケットの着こなしは初心者には難しいだろう。

◎理由4

セミワイドスプレッドカラーはシンプルでもある。たいていの人たちはおしゃれを目的に「飾る」という選択肢を取る。しかし、シャツ1枚にしても足し算はまったく必要ない。ボタンダウンカラーやピンホールカラーなどの装飾はいっさい不要である。一番上のボタンが2つ以上あるようなドゥエボットーニやえりが二重になっているもの、ボタンに色がついているもの、えりの内側に柄が入っているものなどのあらゆる装飾はすべてクラッシックなシャツにトレンドを足し算した結果であり、おしゃれに見られたいという下心をアピールしているにすぎない。

だが、逆に「飾り」という名のトレンドを切り捨てれば、クラッシックに近づくことができる。なお、ボタンやピンというものは、剣先を抑えるためにあるものだが、その機能が他人に見えている状態となる。この装飾は、ファミリーレストランにある呼び鈴に似ている。一流のお店には呼び鈴はない。機能をあえて目に見える状態にするのは無粋というものだ。なお、アイビースタイルではブルックスブラザーズのボタンダウンは定番で、こ

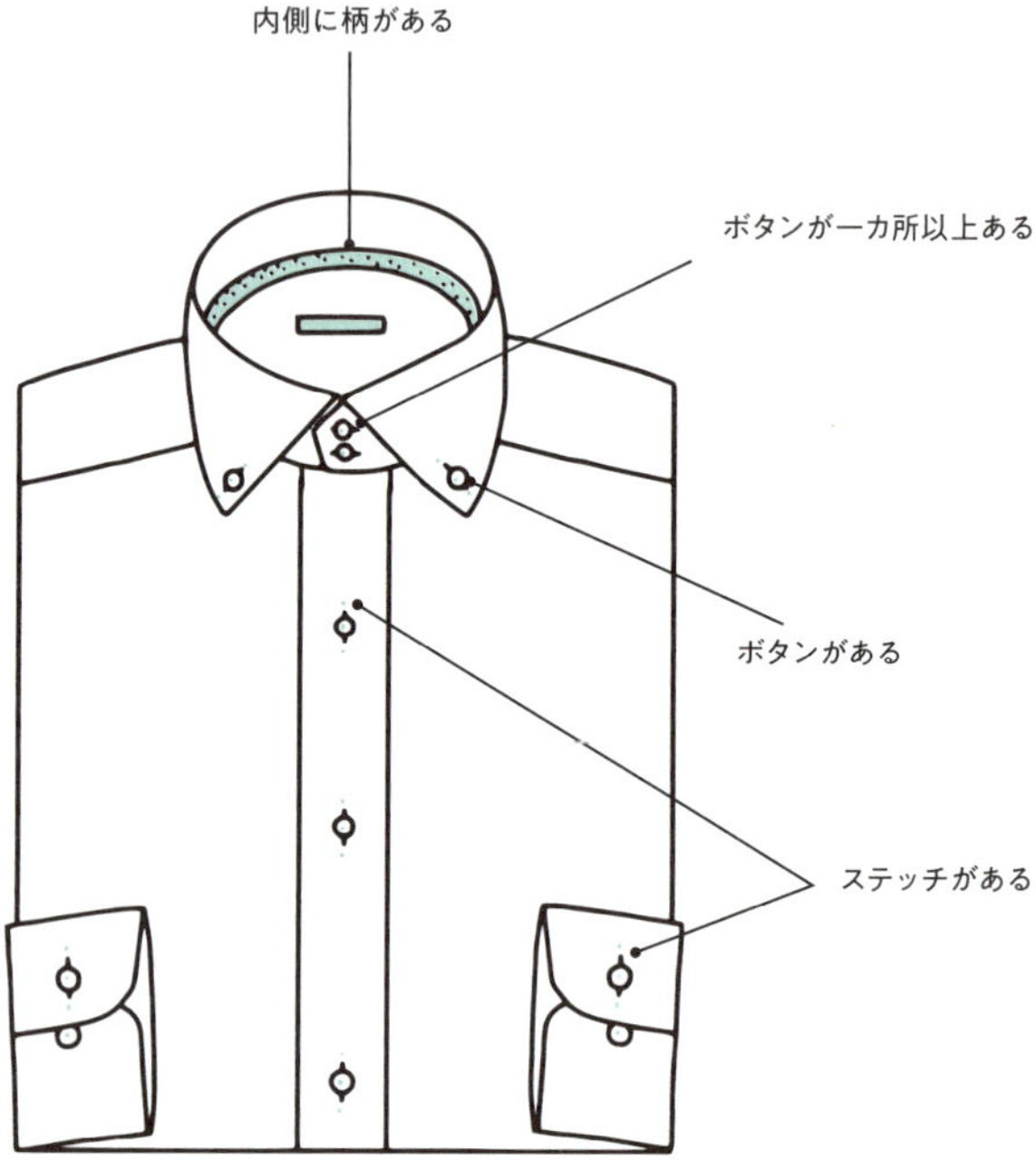

あらゆる装飾は不要

の世代の装いに馴染んでいる人は意識してボタンダウンを着ていることが多い。だから、その年代にとってのクラッシックとも受け取れることにもなる。

◎理由5

セミワイドスプレッドカラーは、樽型のノット（タイの結び目）と相性がいい。

タイを結んだときに、ノットとシャツの開きに余分なスペースができることは、正しい着こなしとはいえない。第4章でも取り上げるように、タイの結び方はプレーンノットかダブルノットをオススメする。このノットは樽の形で大きい結び目ではないので、シャツの開きが大きいワイドスプレッドカラーにはマッチしない。近年、ワイドスプレッドカラーはトレンドだったが、トレンドは数年で消え去るものだ。ダブルノットにはセミワイドカラーがもっともハマる。55ページのイラストのようなバランスが適切である。ノットだけが人の目に触れるよう意識しよう。

最後に1つだけ注意がある。せっかくセミワイドスプレッドカラーを選んでも、えり先の長さが短いものはカジュアルになってしまうし、タイがはみ出るおそれもある。えり先は7・5センチ±0・5センチにすべきである。短い首でもタイをした状態で見栄えがよくなる長さである。

また、えりの裏に、カラーステイと呼ばれるプラスチックの板状のものが挿し込まれている。これは取り外しができることが望ましく、えりの形状を維持する役割を果たす。挿《い》れても挿れなくてもいいが、えりがジャケットに収まらないとか、体型に若干シャツが合っておらず、えりが浮いてしまうというのであれば、挿れたほうがいい。また、タイなしでシャツを着るとき、好みによるところが大きいが、第2ボタンまで外すとバランスがよくなる。この場合、シャツのえりはきっちり立てておかなければ美観を損ねてしまう。カラーステイを挿れておけば、えりは常に綺麗に立った状態にしておくことができる。

ちなみに僕は次のようにしている。

- スーツで式典や大勢の人に会うとき：タイ+カラーステイ
- スーツ・ジャケパンで日常業務：タイ+カラーステイなし
- ジャケパンでタイを外す場合：カラーステイを利用

なお、洗うときは、カラーステイを外すようにする。

セミワイドスプレッドカラーを選ぶ理由

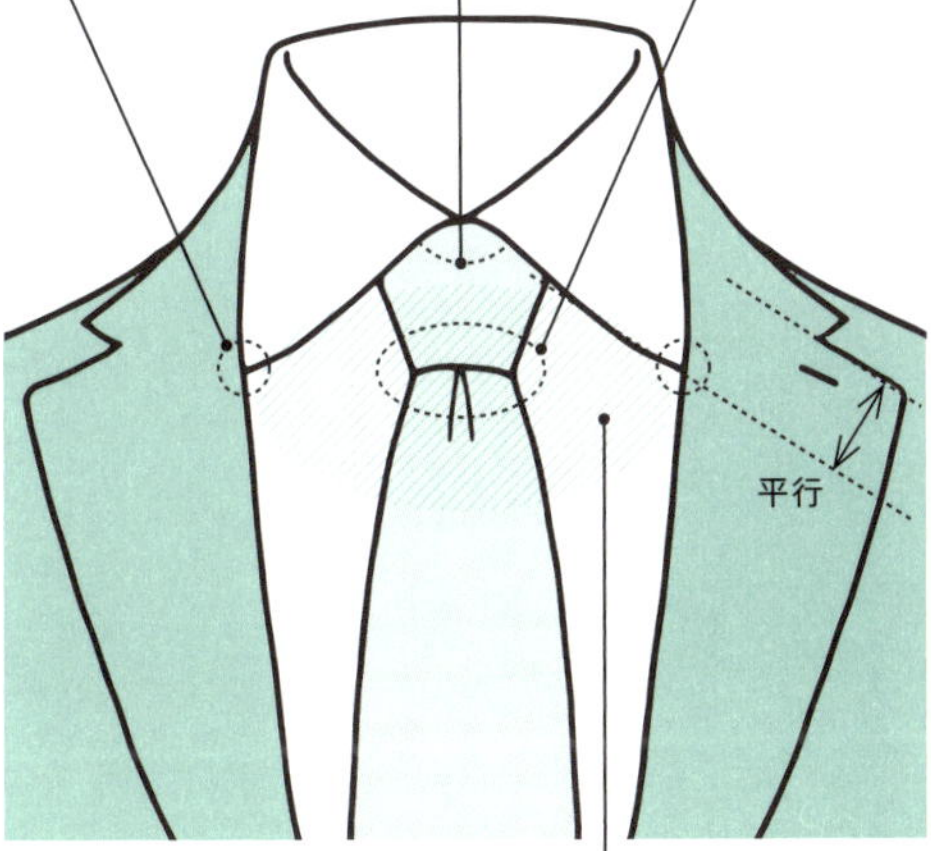

ルールは機能性に勝る

Rule 5

ポケットは不要

胸のポケットは不要である。

シャツにポケットはあるべきものだとたいていの人は思っているのではなかろうか。だが、スーツのルールに詳しい人なら、シャツにポケットはいらないというのが正しいことを知っているはずだ。

現代のシャツにポケットがある理由は、軍服の名残であるとか、ベストのポケットがシャツに用いられるようになったなど諸説ある。だが、西洋文化ではシャツは下着として捉えられていて、下着ならポケットは機能的にも必要ないはずだ。ポケットがないのは生地代や縫製代をケチっているのではないかという卑しい考え方は改めるべきで、いつだってＴＰＯとルールが優先される。利便性というものは、このような伝統やルールを壊していることが多い。

また、ポケット付きのシャツを着用しているうちにポケットにゴミが溜まっていく経験をされた人も多いはずだ。せっかくの白いシャツなのに、ポケットの底にゴミが溜まってグレーにくすんで見えるのは清潔感がない。管理の面からも、ポケットはよけいな手間を増やすだけで、ミニマルの精神にも反することになる。

これは着こなしやマナーに関わることだが、携帯電話にせよ、メモ帳やペンにせよ、ポケットをモノ入れとして使っていいのは、一時的にはジャケットの内ポケットだけである。シルエットを崩すことにもつながるので、可能な限りモノを入れるのは鞄だけにしてほしい。紳士は基本的にポケットスクエアを除いてスーツやシャツにモノは入れないものである。ポケットは飾りにすぎないと割り切るべきであり、飾りならそもそも必要ないのである。

少し話が脱線するが、オーダーの機会に恵まれれば、イニシャルを入れるか入れないかの選択を迫られる。もしあなたがスーツに詳しくないのなら、あえて人目につく場所にイニシャルを入れなくてもいいだろう。入れるにしても、左の脇腹あたり、もしくは、その人目につかない上腕部分にさりげなく入れるべきである。クリーニングに出した際、店員の誤りを防ぐのが本来の目的なのであって、「オーダーしたシャツを着ています」とアピールするためのものではない。

さて、ここまで述べた知識があるだけでも、僕たちはカジュアルにも対応できるようになっている。

例えば、ジャケパンでタイを締めないクールビズスタイルを試みる場合、えりはボタンダウンにして、ポケットのあるものを選べばいいと気がつくはずだ。このようなロジックでクラッシックとカジュアルとを分けて考えられるようになれば、ムダな買い物が減る。結果、ビジネスシーンに必要かつ十分で質のいいアイテムがクローゼットに並びはじめることになる。

ここでルールが機能性に勝るという一例を紹介したい。

「メーカーズシャツ鎌倉」は、2012年にニューヨークに出店した際、ポケット付きのシャツを発売したものの、売れ行きは芳しくなかったという。その後、ニューヨークだけでなく、日本国内でもシャツのポケットをなくす決断をした。結果として、ニューヨークでの売上は改善され、現在も営業を続けている。ただし、ルールを知らない日本の顧客からは「ポケット付きのシャツはないのか」という問い合せがあったようだ。

個人的には鎌倉シャツの対応は英断だったと思う。

シャツにはポケットがないことがグローバルな基準であり、日本が誇るシャツメーカーが売れることだけを目的に商売しているのではなく、日本のビジネスマンの価値観を世界標準に引き上げようとし、なおかつ結果も出しているからである。

僕は海外でシャツを観察する機会が多いが、ヨーロッパではポケットなしが既成品でも標準的なようだ。それに対して、アジアやアフリカではポケットのあるシャツが多い。日本もまだまだヨーロッパの水準には遠く及ばないといえるだろう。

結局のところ、ポケットという小さなパーツを1つとっても、服装に対する価値観がうかがえてしまうのである。

Minimal 3

日常のそで先のディテール

そではシングル

シャツのそでの種類は大きく分けて、ダブル（折り返してある）とシングルがあるのはご存知だろう。

シングルかダブルかのどちらが正しいというわけではないが、ダブルのほうがフォーマルであるという印象を持つ人が多いようだ。それは、ダブルのシャツがカフスというアクセサリーを必要とするので、より高価に見えるという理由にあるのではなかろうか。しかし、次の理由から、手元に揃える5枚のシャツはすべてシングルでOKだ。

ダブルはカフスを必要とする。確かにカフスはスーツスタイルにおいて、遊びが許される唯一の場所である。しかし、シンプルで小ぶりの上品なカフスが望ましいとか、少し遊びを取り入れるとかいう繊細なテクニックが求められることも忘れてはならない。安っぽいカフスだと逆効果になるだけだ。蛇足ながら、どうしてもダブルにしたいなら、日中は布製のカフスにして目立たせない配慮をすべきだろう。

また、若い人がダブルだとどうしても背伸びしている印象が強くなってしまう。もっとも、僕は20代後半から一時期カフスを常用していた。自分はおしゃれだと周囲にアピールしたい気持ちがなかったといえば嘘になるし、周囲にもバレていたことだろう。とても恥ずかしく思う。ダブルのメリットはカフスを楽しめること以外にない。ミニマルの観点からはカフスも必要としないシングルがベストな選択だ。これまでこの本をお読みの方ならわかると思うが、シングルの貝のボタンでさり気ない選択をしたほうが確実にクラシックに近づくのである。

基本に立ち返るならば、男のファッションの本質は引き算なのだ。

もう一つダブルの欠点がある。手首が細い人だと、手首とそでとを隙間なく締めようとすると生地が余ってしまうのである。ダブルということは手首に4枚の生地が重なることになる。シングルであればボタンを内側にずらしたとしても生地の重なる部分は2枚だ。

剣ボロのボタンは外しておく

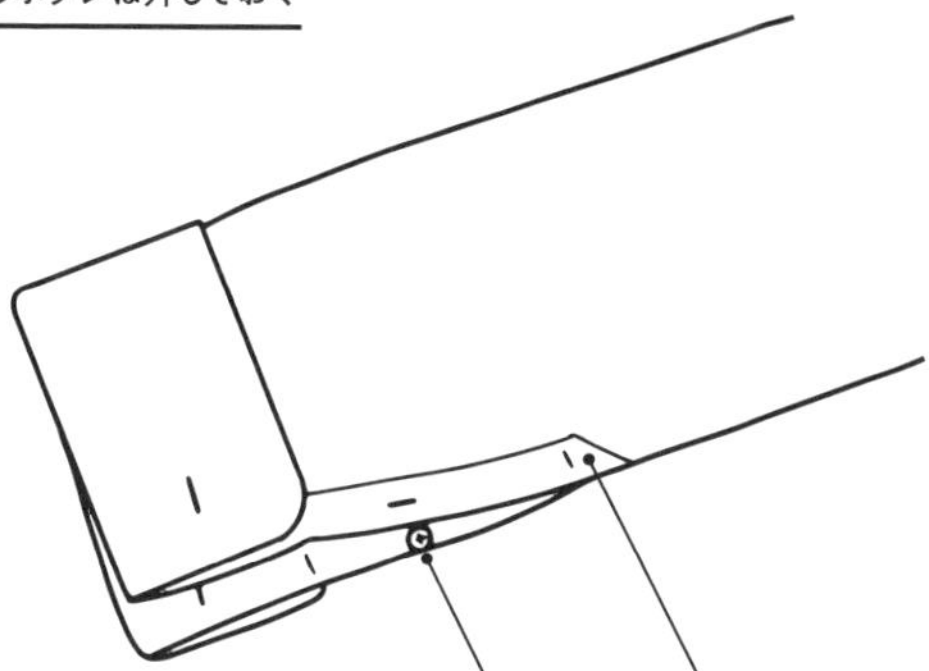

この生地の厚みはムダであるし、なによりもジャケットがすとんと下に落ちてくれないのである。

服装は事前の検討は十分すぎるほどすべきではあるが、一度身につけたあとであれこれ服装を気にしている姿は見苦しいというものだ。

そして、ダブルであろうがシングルであろうが、そで先にはプリーツがあるべきだ。そでに立体感を持たせることで、装飾性が増すからである。最後にそで先の切れ込みである剣ボロにはボタンが1つついている。これは外したほうが、そで先にボリュームが生まれて見た目が美しくなる。

また、ボタンでもカフスリンクでも留めることができるコンバーチブルというタイプは、機能的であるという点で選択肢から外す。ふだんはボタンで、何かのときにカフスリンクができるようにしておく発想自体がなんだか貧相だし、その程度のこだわりはせいぜい20代までで、大人のビジネスマンがすべきことではない。たとえ、意識してコンバーチブルを選んでいなかったとしても、周囲は僕たちをそう見る可能性がある。そのようなリスクをわざわざおかす必要はなにもない。

いずれにせよ、特にこだわりがないのなら、あらゆるリスクを排除できるシングルを5枚だけ揃えればいい。それ以外は当面不要だと心得るべきである。

Classic 3

見る人は見ている

前立てとボタンの間隔

細部に手を抜くと、着こなしの評価はあっけなくゼロになる。

前立てはタイをすれば見えなくなるからなんでもいいとか、ボタンの間隔なんて誰も気にしないなどと高をくくっているようでは、ほかの努力も報われる日は来ないだろう。前立てとボタンの間隔に関しては非常に細かいポイントかもしれないが、あまり語られることはない。

前立てとは、シャツのボタンホールのある縦の帯状部分のことをいう。装飾性と補強がその目的である。表前立て（プラケットフロント）の場合は3・3センチ以内（ボタンダウンの場合は4センチ以内）でなければならない。裏前立て（フレンチフロント）は前立てが表に見えず、スッキリ見えるのでフォーマル度が増す。以上の理由から、生地の素材感（織り方）に合わせて次のように選択すべきである。

ブロード：裏前立て（フレンチフロント）
オックスフォード：表前立て（プラケットフロント）

要するにフォーマル度を合わせるのだ。ブロードのように艶を重視する場合は、前立てもフォーマル度の高いもの。オックスフォードのように凹凸のある生地でカジュアルさを重視するなら表前立てを選ぶ。つまり、日頃はスーツしか着ないなら、手持ちのシャツは5枚とも裏前立てとなるし、反対にジャケットとパンツのカジュアルなスタイルが多いならば、表前立てのシャツが多くなる。

表前立てとスーツを合わせてはならない。この細部への配慮が、スーツスタイルを洗練させることになる。これは、経済的な問題ではなく、知識の問題である。知識だけでカバーできるなら、取り入れない手はない。

さて、ボタンの間隔は、第1ボタンから第2ボタンまでは6センチ、以降7つ目のボタンまでは7センチである。ボタンホールは一番上と一番下は横に穴が開いていることが好ましい。着たときに、ボタンを締めれば生地が上下にズレにくくなるからである。ただ、これは絶対ではない。一番上のボタンホールは量販店のシャツであっても横に切ってあるし、シャツの下部分はズボンによって固定されているからだ。

ただ、ボタンが等間隔で取りつけられていないシャツは避けなければならない。第1と第2ボタン、第3と第4ボタンがそれぞれ近接しているのに、なぜか第2ボタンと第3ボタンに間隔があるものがある。

近年このようなシャツが多いので注意が必要だ。この2つの細部も確認したうえでシャツを選べば、どのようなシチュエーションでも、どのような相手でも着こなしの上級者として見なされるにちがいない。これを意識している人は本当に限られているが、見る人は見ていると思ったほうがいい。

白シャツ信奉からの脱却

Classic 4

サックスブルー

世の中には色とりどりのシャツがある。さまざまな選択肢がある状況において、スタイルを確立するためには「どれだけ自分を律するか」が重要になってくる。

スーツスタイルには何が求められているのか、何を目指すのか。そうした内なる自分の声にしたがうべきである。つまり「周囲の人に信頼感を与えるもの」という目的が大前提で、淡いピンクや黄色、パステルカラーなどの女性ウケするかもしれないだけの色は切り捨てていいのだ。僕たちはモテるために服を装うのではない。適切な服装に整えた結果、女性がそのスタイルに惹かれるのであって、その逆ではない。

生地の色は淡い青（サックスブルー）を少し多めに、残りは白を選択する。4対1か3対2の割合がちょうどいい。

シャツの色は白がベストだというようなアドバイスをよく見るし、無難さを好む日本人はサックスブルーを避けがちではある。確かに高温多湿の日本では、白シャツは色のついたシャツよりも汗ジミが目立ちにくいというメリットがある。接する相手が堅い職業の方であれば、相手に合わせるという意味で白のシャツを選択するという柔軟性も持ち合わせてはいたい。年配の方にはシャツは白だという考えの人が多いため、日本では白もいくつかは必要だろう。しかし、スーツは黒がベストであるという日本特有の考えを信じているのと同じように、シャツは白に決まっているという固定観念は同調圧力を美徳といっているのと同じことである。こうした考えは世界的に見れば恥ずべきことだ。

白は間違いではないが、基本的にはスーツにはサックスブルーをオススメする。理由は2つある。

まずコントラストである。黄色人種の場合、肌とシャツのコントラストを考えると、サックスブルーのほうが似合っている。第2章で述べるようにスーツをすべて濃い紺で揃え、白のシャツを合わせると、スーツとシャツのコントラストが強くなってしまうのである。いい換えれば、サックスブルーを選ぶだけで、スーツとシャツ、シャツと肌とのコントラストは弱くなる。スーツを着る目的は、けっして目立つためにあるのではない。スーツは、僕たちが信頼できる人間であると周囲に暗に示す百貨店の包装紙のような役割を果たすものなのだ。

堅実で安定しているスタイルは「地味」という形容に近いかもしれない。コントラストの強い着こなしは避けるべきである。濃い紺のスーツにサックスブルーのシャツ、青系のタイで色相を揃える。そして、ほんの少しそれぞれのアイテムで彩度や明度を変えてグラデーションを創り上げていく。それぞれを際立たせるのではなく、少しずつ馴染ませていく感覚だ。こうしたスーツスタイルが似合わない男性は存在しないと思うくらい世界的に鉄板の組み合わせであり、黄色人種の僕たちにも似合うものなのだ。

次に、色自体の持つ文化的な意味合いも考えてみよう。

多くの文化では、白や黒は特別の意味を持っている。冠婚葬祭のような非日常の場面で用いられることが多いからだ。だが、ビジネスシーンという日常においては、白と黒の意味合いをその国や地域で確認したほうがいい。できれば信頼できる人間にたずねて念には念を入れるべきである。初めて訪れる土地で何か特別の意味があるかもしれない色を日常的に用いることはリスク管理の観点からも避けたいところだ。

ミニマルの視点から、サックスブルー一択と断言したいものの、日本では残念ながらいまだに白シャツを推す人が多いので、5枚のシャツのうち、1枚か2枚を白としておけば、日常の仕事には支障はないだろう。

ミニマルな柄の選択

Minimal 4

ストライプを選ばない

ルールやクラッシックという観点から見ても、ピンストライプを選ぶこと自体は問題ない。ただ、あなたは自分がいまいくつの柄を身につけているか即答できるだろうか。もしできないなら、自分は柄に無頓着であると自覚して、ストライプのシャツを選択肢から外してほしい。ジャケットやスーツは第2章で述べるように、ストライプを選択する可能性が高い。

そこにストライプのシャツを合わせてしまうと、タイをしていない状態で2つの柄を使うことになる。理想的な落ち着いた着こなしでは、用いる柄の数は1・5柄から2柄が好ましいことはすでに述べたとおりだ。その結果、タイの柄は制限され、ソリッドタイ（単色柄なしのタイ）と自動的に決まってしまうのである。タイやスーツの選択肢を広げるためにも、ストライプはシャツで選択しなくていいのだ。少なくとも、6枚目のシャツ購入までは見送るべきである。

かつてストライプを重ねる着こなしが流行ったことがある。スーツやシャツ、タイ、すべてをストライプにするという着こなしである。今から考えると、この組み合わせは3柄という暴挙であり、あまりに賑やかな組み合わせである。この本で学んでおけば、何年も恥ずかしい格好を晒すことは避けられるだろう。

また、シャツのえりやそではストライプが横に走ることになる。スーツもシャツもストライプがはっきりしたものだと、えりやそでという人目に触れる部分でラインが縦横に交差し見た目にもすっきりしない。シャツにシミがあるわけでもないのに、不潔にも見えてしまう。シャツは柄なしにしておけば、清潔感もキープできる。

さらにもう1つ、ストライプを除外する理由がある。この理由を説明するには、シャツを選択するときのメンタルにまで話を広げないとならない。シャツには2つの捉え方がある。1つは、シャツの存在理由がジャケットや小物、タイなどを演出するための、いわばキャンバスのようなものだという考え方である。もう1つは、シャツそれ自体が主役であり、それ以外のものは脇役であるという考え方だ。

シャツを主役とする具体例としては、キャンディストライプやクレリックシャツが挙げられる。キャンディストライプは、都会的でオシャレな印象だが、あまりにストライプが強すぎる。ジャケパンスタイルで紺無地のジャケットを合わせているならまだしも、スーツスタイルでクラッシックな着こなしをするには、スーツの秘めた力をシャツが台無しにしているようにも映ってしまう。これは予備知識だが、ストライプは太くなるほどカジュアルになる。また、タイを選ぶときも柄の数を考えなくてはならず、着こなしには高いレベルが求められる。

同様に、えりやそでの先だけが白で身頃などの他の部分がストライプのクレリックシャツも、1920年頃にイギリスで大流行したという意味では興味深いが、その見た目からしてキャンディストライプのようにシャツが主役の着こなしとなってしまう。また、えりとそでといった汚れやすい部分だけを取り替え可能にしたという発祥からわかるように、利便性を重視している。したがって、これらのシャツをあえて選ぶ理由はない。

シャツの面積や人目のつきやすさから、シャツを主役とする着こなしをしてしまいがちである。しかし、それでは自己主張が強くなりすぎるため、周囲を際立たせるためにシャツを選んだほうが、より上品な着こなしとなる。

なお、少し知識が増えると、スプリットヨークがいいとか、ガジェットがしっかりと取りつけられているものがいいとか、どこのコットンがいいとか、より品質のいいシャツを追求するようになるだろう。そこで、気をつけないとならないのは、次の2点だけである。

1つは、全体の調和を考えて、シャツだけがいいもの（主役）になりすぎないかということ。もう1つは、一張羅の場合は別として、5枚のシャツを1年を通じて買い替え、着回せるコストを負担できる経済力があるのかということだ。身の程をわきまえない選択をしてはならない。ベーシックなものを清潔に着回すことが最善の選択なのだから。

お手入れの前に

Rule 6

クローゼットの環境整備を大切に

この本の内容にすべて目を通していただき、お店にも通って、価格に見合った適切なものを買い揃えたとしても、それでスーツスタイルが完成するかというとそうではない。服にはメンテナンスが必要だからだ。

適切なものを選んだなら、できる限り良好な状態をキープしたい。手入れをしなければ、それがどれだけ高級品でも並以下のものに成り下がってしまう。そして最悪の場合、買い替えが必要となる。

さらには「清潔感に欠ける」という評価までついてきてしまう。まして、1着だけ特別なスーツを手に入れ、長く着ようとしているという場合であれば、なおさら本書を注意深く読んで書かれてあることを必ず継続してほしい。そうすれば、3年以上着ることができるし、その結果、継続することができたという確かな自信にもつながる。

手入れには「継続」が大切である。実行が困難だったり、時間やコストがかかりすぎたりする方法はハードルが高いだろう。

最も安価で、手間もかからない方法を提案しよう。手入れについてもミニマルを目指そうではないか。

高価だが揃えてほしいのは木製のアイテムだ。ハンガーやシューツリーについては、それぞれジャケットと靴の数だけ揃えたほうがいい。型崩れほど醜いものはないからだ。木製のハンガーやシューツリーは予算に含めておくべきで、それができないなら、そもそも買わないことである。丁寧に扱えないなら、作り手への冒瀆にもなるし、そもそも所有する権利すらないだろう。とはいえ、木製の厚みのあるハンガーは、5000円程度はかかる。負担が大きすぎるというのであれば、スーツに付属するプラスチックのハンガーでもいい。厚みはマストだ。なお、10万円超えの靴ならばたいていの場合シューツリー（木型：ラスト）が付属してくる。ただし、その場合、ラストにニスなどが塗ってあって、シューツリーに必要な除湿機能が失われている場合もある。そういう意味でも、後述するが1日湿気を除く時間が必要になる。

まず、ここではクローゼットとシャツについて見ていく。靴については第3章の後半で述べるので参照してほしい。

▼クローゼット

クローゼットはできる限り生活から離したほうがいい。

寝室とクローゼットがいっしょならいいが、ダイニングと服を置く場所が近い方もいるだろう。その場合、部屋の換気をこまめにするなどして、臭いや湿気が部屋にこもらないよう配慮が必要だ。

クローゼットがあるならば、その中の環境は1年を通じてできる限り一定に保つべきで、週に1度は換気することが望ましい。特に梅雨の時期には湿気に注意したい。50％の湿度が理想的である。これは靴箱も同じで、湿度は50％以下を維持することが望ましい。

また、温度は18度以下が好ましいものの、こうした数字はなかなか現実的ではないだろう。ただ、この湿度と温度に近づけることでカビの発生を防ぐ配慮をしてほしい。

◎準備するもの

- 除湿剤：エステー「ドライペット」。3カ月のローテーションで取り替えるといい。

梅雨の時期にはサイクルが短くなるので、注意してほしい。

- 防虫剤：エステー「ムシューダ　引き出し・衣装ケース用」1年用、6カ月用と製品によって取り替えのローテーションは異なる。大切なのは、防虫剤の置く場所である。衣類の下に埋もれないように置くこと。引き出しや収納ケースの場合、常に衣類の上の見える位置に置くことで効果が出る。

シャツの寿命とお手入れ

Rule 7

清潔感を最優先に

シャツは1週間に1度、年間50回程度着用するものとする。

5000円から7000円のシャツを想定し、1年後に処分するようにする。ただし、絶対ではない。頻度が下がれば1年以上着られることもあるだろうし、シミなどで1年未満の寿命になることもあるだろう。1年という期間は、1つの目安であり、予算組み（買い替えのタイミングを図る意味）で参考にされたい。

シャツは清潔感が何よりも大事である。色自体が薄く、人目にさらされやすいアイテムだ。シャツは下着として考えることもあり、汚れやすい。そもそも上着を肌の汚れから守ることを前提としている。

サイズは適切に選ぶものだし、清潔感を示すという意味でも、この本ではシャツを最初の章で説明した。

シャツを見るだけで、その人が服装のマネジメントができているかどうかがわかる。せっかくルールを守って、ジャケットのそで口やえり口から1・5センチシャツを出しているのに、そこが汚れていたのでは信頼感をも失いかねない。

シミや色ムラはケアしたとしても、意外に見落としがちなのは、そで口のほころびや生地の傷みである。こうした箇所は軽微なものなら修復できる。費用は2000円程度だ。全体的にまだ劣化が少なく、そでの長さも大きく変わらない程度のほころびならば、この選択肢もありえるだろう。ただ、全体的に劣化しているならば、買い替えを検討する。そで口の劣化やわき部分の変色が原因で捨てることが多い。

◎**準備するもの**

- シミ落とし：Dr. Beckmann（ドクターベックマン）「ステインデビルズ」「ステインペン」

・石けん：「ウタマロ石けん」
・ブラシ：歯ブラシやTHE LAUNDRESS（ザ・ランドレス）「ウォッシュアンドスティンブラシ」
・アイロン：できるだけ重いもの。スチーマー付きであれば汎用性がある。また、アイロン台はスタンド式が望ましい。床の汚れを気にしなくていいからだ。ペットを飼っているなどして床の汚れを気にするなら、スタンド式をオススメする。

▼毎日のお手入れ

「下洗い」「洗濯機での洗浄」「干す」「アイロン」「保管」という5つのプロセスからなる。

①下洗い

洗濯機ですぐに洗うことはオススメしない。なぜなら、えりやそでは最も汚れる部分で、その主な原因は体から出る皮脂である。体とシャツの生地がこすれることから、その油分が繊維に染み込んでしまう。通常、水道水だと夏でも水温は40度に届かない。これでは皮脂汚れを落とすには不十分である。皮脂は40度以上のお湯で対応しなければならない。手間を考えれば、入浴のタイミングでこれを行うといいだろう。

手順1　えりとそでを40度以上のお湯に数分浸す。
手順2　「ウタマロ石けん」をえりとそでにこすりつける。
手順3　手で揉み洗いをするか、歯ブラシなどでこすり洗いをする。
手順4　すぐにすすがずに、ネットにくるんで洗濯機に入れる。

- コーヒーや醤油などの水溶性の汚れは水がいい。
- 皮脂やボールペン、口紅などはこの方法でいい。それでも落ちない場合は中性洗剤を使用する。
- 不溶性の鉛筆や墨は、シミ抜き専用の洗剤でトライしたのち、まだ残っていればクリーニング店にシミ抜きを指示する。

男性もわきの下に塗るタイプの制汗剤を使用する人も多いだろう。ただし、これが少々クセモノで、汗は抑えられるが、シャツが黄ばむことがある。この意味でもインナーを着たほうがいい。ただ、それでも黄ばんだら、つけ置き洗いをするといい。

先に紹介した「ステインデビルズ」であれば、それぞれ用途に適した洗剤を小分けしたタイプのものがあり、1つあればすべてに対応できる。もし、これでも歯が立たないならば、クリーニング店に相談するしかない。

②洗濯機での洗浄

他のものといっしょに洗うことは避けたほうがいい。シャツは絡まりを防ぐために、1枚ずつネットに入れてシャツだけで洗うべきである（ただし、ポケットスクエアやハンカチはいっしょに洗ってもいい）。理由は、脱水を適切に管理したいからだ。水分を若干残した状態で、干すステップに進めるが、カラカラに絞った状態だと、アイロンをかけるときシワ取りで苦労してしまう。

ポイントは以下のとおり。

- すすぎの回数を2回以下に設定する。
- 脱水は1分で設定する。

③干す

できる限りシワを伸ばして干すこと。風通しのいい場所ならなおいい。この段階でシワがついていないなら、アイロンをかけるときにかなり楽ができる。

手順1　ネットから出して、シャツを十分にはたく。引っ張るなどして、できる限りシワを取り除いておく。

手順2　ハンガーにかけて干す。

手順3　ハンガーにかけた状態で、シャツ全体を叩いて伸ばす。

手順4　外なら日陰干しをする。部屋の中なら、扇風機を当てるようにする。風に当てておくとアイロンがけが楽になる。湿気のある状態でも乾きを早める効果がある。

④アイロン

コットン100％で高番手なら、シワを伸ばすのに苦労することになる。ただし、これまでの手順を守り、適切に干していれば、シワはほぼない状態になっているはずだ。シワがあると、そのぶんアイロンを強く長く当てることになり、結果的に生地を傷めてシャツの寿命を短くする。

基本的には厚みのある部分と面積が広い部分を優先して、裏からアイロンを当てるようにする（表面を傷めないのと、丸みをもたせるのが目的）。具体的には、前立てやカフス

（そで）、えりの順番で行うといいだろう。

手順1　半乾きの状態でアイロンがけするのが望ましいが、乾いてしまっているときもあるだろう。その場合は、全体に霧吹きをして、少し水分を保った状態にしておくといい。大きなナイロン袋にシャツを入れ、霧吹きをして、ナイロン袋を振ることで、水分を均一化するのもいい手かもしれない。

手順2　前立てやカフス、えりの順番でアイロンを裏から当てる。その場合、アイロンを持っていない手で生地を引っ張って伸ばすようにする。

手順3　前立てやカフス、えりを表面から軽く撫でる感じで整える。

手順4　そでや後ろ身頃、前身頃と残りの部分（面積の広い部分）にアイロンをかける。

全体的にアイロンでこするというよりも、アイロンの重みでシワを伸ばすイメージを持つことが大事だ。

シワが若干残っていたとしても、それを自然と見なし、生地の傷みを減らしたいという場合、すべて裏からアイロンがけするのは1つのアイデアとしてはいい。僕はわずらわしいので、そでとえりだけは裏からやり、その他の部分は表からアイロンを当てるようにしている。
そのとき、斜めにアイロンを走らせることはできる限り避けてほしい。生地が傷むからだ。通常、生地は縦横の動きに強い。したがって、縦横にアイロンがけをするのは問題ない。

⑤保管

確実に乾いていることを確認してから、クローゼットにしまうようにする。湿気が残った状態だと、他の衣服にも影響を与えてしまう。特に梅雨の時期など、湿気が高くなるときは、日陰干しを必ずしてほしい。

手順1 アイロンのあと、半日から1日は日陰（部屋）干しをする。この際、風を当てるのが望ましい。
手順2 完全に乾いたことを確認してからハンガーにかける。
手順3 第1、3、5ボタンを締めて、クローゼットにしまう。

奇数のボタンを閉じるには理由がある。誰もが広いクローゼットを持っているわけではないだろう。やはり他の服と重なることを避けられず、変なシワが入ってしまうこともある。ボタンを外してしまっていると、シワはもっとひどくなる。また、えりは特に潰したくない部分なので、第1ボタンは必ず留めたい。ボタンをすべて留めてもいいが、手間をできるだけ省くため、第3、5ボタンを閉じるようにする。また、通常ボタンは7つなので、7番目も留めていいのだが、ズボンを穿けば通常目につかない部分なので留めていなくてもいい。

最後に糊について。僕はいっさいつけないようにしている。

クリーニングをすることはめったにないが、万が一したとしても、糊なしの指定をする。なぜなら、天然素材の自然の風合いを最優先にしたいからだ。

※入念な手入れ

シャツはクリーニングに出さなくていい。風合いが損なわれてしまうからだ。

ミニマルを実践するには、5枚のシャツで、クリーニング店でのやり取りを加味するのは手間である。仕事に集中したい平日に、クリーニング店の閉店時間を気にしなければならないのはバカげている。倍の10枚のシャツ（2週間分）が必要になるのもコストと手間がかかりすぎるというものだ。

ただ、どうしても通常の洗濯では取れない汚れもある。その場合はつけ置きという手がある。

具体的には、「ウタマロリキッド」を直接汚れの部分につけて、手でもんで洗う。30分程度40度以上のお湯に「ウタマロリキッド」を溶かしてつけ置きしたあと、洗濯機で洗う。これでも太刀打ちできないならば、プロのクリーニング店に持ち込むことになる。とにかく安易にクリーニング店に出すのはシャツにもお財布にもダメージとなる。

Column
1

スーツの予算

平均を知ることは、多様化している現代ではあまり意味をもたないのかもしれない。

しかし、ビジネスマンの切実なお財布事情を知らないままでは、何も語ることはできないだろう。僕もミニマルを標榜してはいるが、もう少しスーツに割く経済的な余裕がほしいところである。

以下は、総務省『家計調査年報（家計収支編）平成30年（2018年）』の情報を参考にしている。

さて、まず全体像を把握しておこう。

2人以上1000世帯を対象とした、世帯ごとの「被服及び履物」にかける年間の支出平均は13万6613円である。つまり、月1万1384円で家族の服と靴、下着類をまかなっている計算になる。ファストファッションが盛り上がるわけである。

もう少し詳細を見てみよう。子供の学校制服なども合わせた「男子用洋服」は

1万7458円。それに対して、「婦人用洋服」は3万603円。これに下着やシャツ、タイ、靴下、靴と続いていく。

男性は、プライベート用の服とスーツを合わせて1万7000円／年が平均額で、女性の半分以上はあるものの、かなり少ないといえるだろう。

となると、1万7000円／年がスーツにかけることのできる費用となり（ワイシャツは1532円／年、タイは469円／年、靴3943円／年などは別枠となる）、3年間でも5万1000円である。こう見ていくと、量販店のスーツはけっして安いとはいえないのだ。ましで、3着揃えるとなると、1着3万円のスーツで合計9万円（3年でローテーションすると考える）。すでに予算オーバーである。

ワイシャツは1年ごとに買い替え、かつ5枚準備するようにと本書では勧めているが、3枚1万円のシャツでも単価は年3000円／枚なので、平均額（1532円）を大きく超えることになる。ただ、これは統計のとり方によるので、「他の男子用シャツ」として、5345円／年という項目があり（セーターも入っているが）、インナー（シャツ含み）で7000円程度／年の消費額であると期待したい。いずれにせよ、最低限の清潔感を保つだけでも予算オーバーとなってしまい、本書のミニマルですら実現する予算はないことになる。

さらにタイは、482円／年で悲惨な状況である。10年かけてようやく1本買える計算になる。もっとも、タイを必要としない世帯もあるだろう。とてもじゃないが、タイが汚れそうな食事はできなくなってしまう。

靴下は1552円／年。ホーズが1本だけ買える金額である。やはり厳しい。世の中の男性がすね毛を出しているのは、仕方がないことなのかもしれない。

男子靴は、3943円／年。10年経てば日本製のグッドイヤーが手に入るものの、手入れを考えれば、予算オーバーである。10年待っても1足しか買えない。とても3足をローテーションすることなど考えられない。

本書は極力経済的な負担を軽減する趣旨で書かれてもいる。それでも、提案しているものも平均からすると高級品となってしまう。だが、ルールとクラッシックを考慮すると、これ以上予算を落とすことはできない。

やはり、紳士であるためにはある程度のやせ我慢が必要なのである。予算が取れるときを見計らって良い物を手に入れるしかない。そして、こまめな手入れを怠らず、長く使用していくのが現代日本における紳士の現実的な姿なのかもしれない。

第2章 スーツ
SUIT

スーツを買う前に

Minimal 5

スーツは3パターン

5枚のシャツを厳選できたら、今度はようやくスーツ選びである。シャツで確認してきた知識をスーツにも応用できるので、覚えることは必然的に少なくなるはずだ。

スーツやジャケパンの持つべき数は、各シーズンに3パターンが理想的だが、予算的に厳しいなら、まずは通年で3パターンを持つことを目標としよう。季節で分けるとなると、春夏用で3着、秋冬用で3着、合計6着のスーツなりジャケパンを持たなければならない。この予算とクローゼットの空きスペース、保管用の木製のハンガーまで考えると、コストはバカにならないし、すぐに用意できるものでもないだろう。

このとき、安物を揃えて満足するのは、もっとも避けるべき考え方だと肝に銘じよう。買い替えがすぐに必要になるので経済的なデメリットもあるし、何よりも適当に数を揃えることは、センスや教養を育てることに何ひとつ貢献しない。1つずつ着実に吟味を重ねて、じっくりと買い揃えればいいのだ。スーツを身にまとう時間は何十年とあるのだか

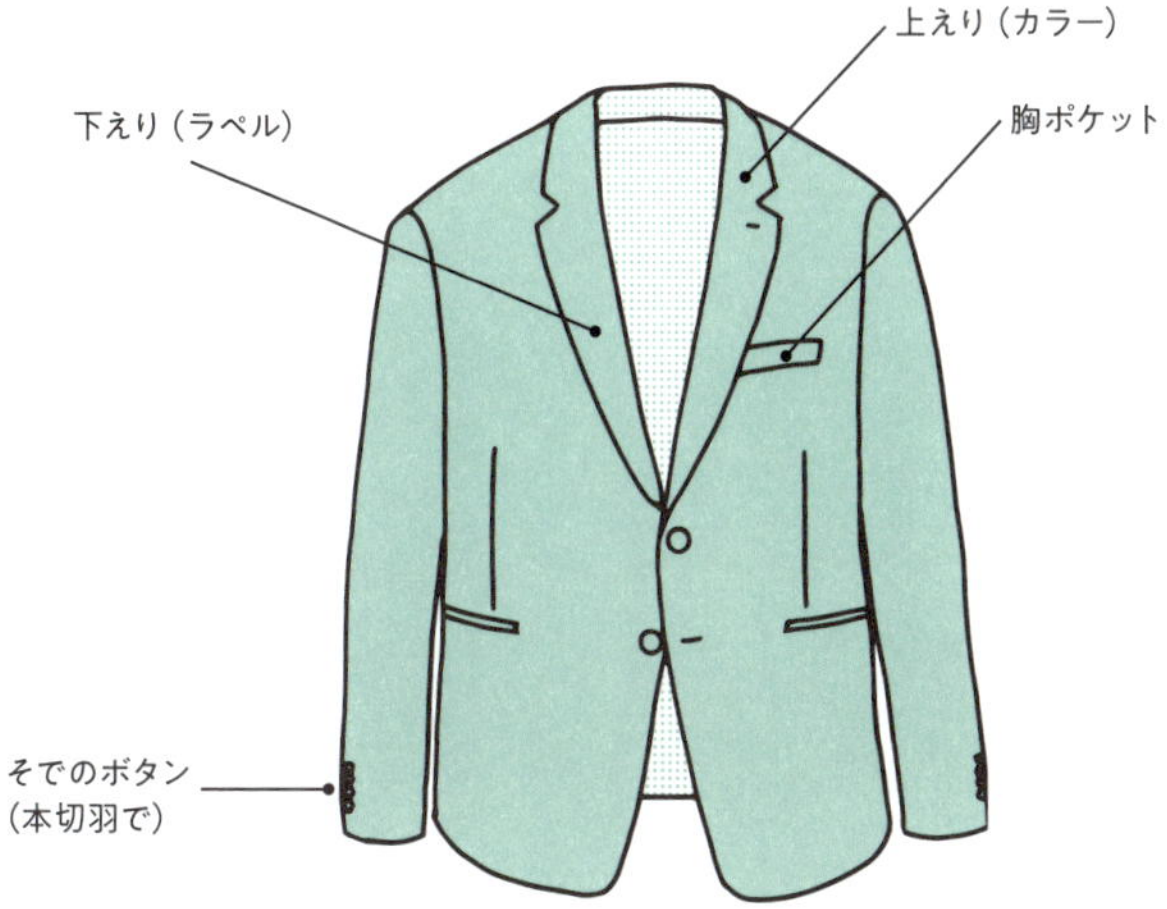
上えり（カラー）
下えり（ラペル）
胸ポケット
そでのボタン
（本切羽で）

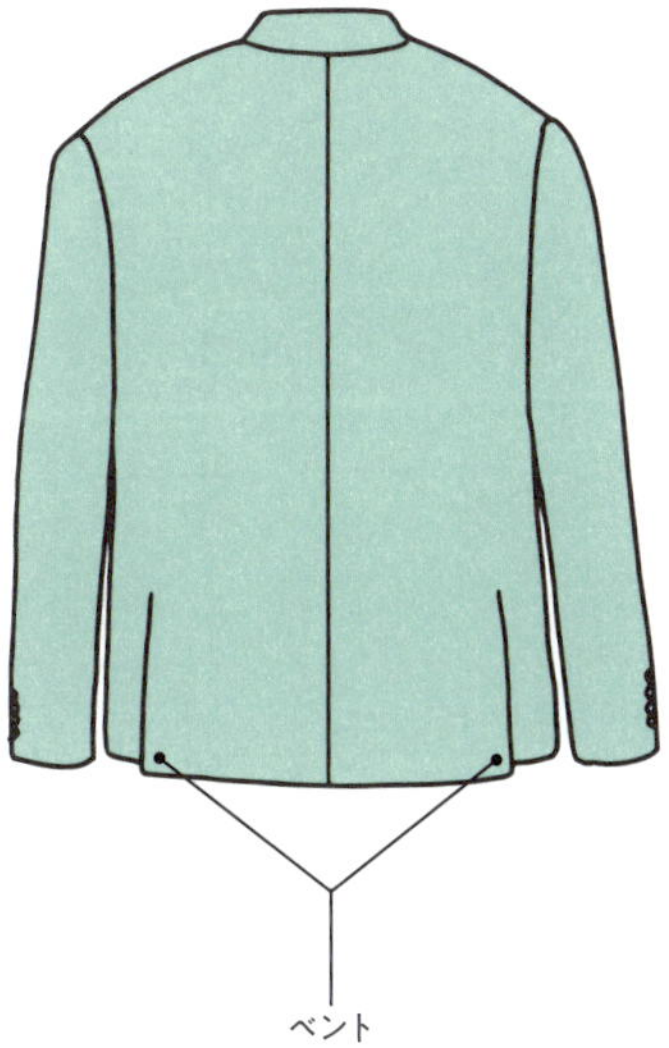
ベント

ら。すべて揃えるにはもしかしたら3年くらいかかるかもしれない。当初買った1枚目のスーツは買い替えの時期となるだろう。ただ、安易に手を出さなければ、予算も確保できる。それに観察眼と教養も磨かれていることだろう。焦らないことが大事だ。中長期を見据えて行動する。これが賢明な人に共通する特徴だ。

　では、その3パターンはいったいどういう組み合わせがいいのだろうか。具体的なサイジングや知識を確認する前に、自分の職場環境をよく観察してほしい。銀行のような堅い職場なら、みんなスーツを身につけていることだろうし、ＩＴ企業や広告、比較的小規模な企業ではジャケパン（ジャケットなしでシャツにスラックスの人を含む）が多いかもしれない。

　目立たないことはビジネスシーンでは美徳である。みんなスーツなのに1人だけジャケパンであるとか、その逆にみんなジャケパンなのに1人だけスーツというのは、それ自体は正しい着こなしでも変に目立ってしまえば、評価が落ちるおそれもある。それでは本末転倒だ。よく周囲を観察して、スーツとジャケパンの比率を確認しよう。ただし、どれだけ服装が自由な職場だとしても、スーツは1着持っておくべきだろうし、ジャケットとえりのあるシャツは用いるようにして、日常でもカジュアルすぎるものは避けるべきである。急な接待や来客にも常に備えておきたい。

目上の人と会うときや高級レストランに行くときなど、あらゆるシチュエーションで、国籍と世代を問わず、フォーマルだと認められるファッションはスーツしかない。したがって、その1着にある程度の時間とお金を投資することは、けっしてあなたを裏切ることはない。ただし、これ以降は日常シーンにも触れるので、ジャケパンスタイルも含めた広い意味でのスーツスタイルを前提として知識を整理していこう。

そもそも、なぜ3パターン必要なのだろうか。

まず、着回しや手入れを考えてみよう。靴にもシャツにも共通するが、同じものは絶対に2日続けて身につけないこと。清潔感は業種や業界にかかわらず、信頼できるビジネスマンに求められる重要な素養である。女性が多い職場ならばなおさらだ。これはルール以前のマナーだろう。

スーツは章末に示すように、帰宅したら厚手の木製ハンガーにすぐにかけてブラッシングする。その後、日陰干しをするのだが、その前にシワを伸ばすために湿気を加えるといい。日陰干しは1日ほどかける。この手順を繰り返すなら、干すために必ず1日は必要である。この手順を繰り返していれば、常に綺麗な状態でスーツを着用することができる。だから、クリーニングはあまり必要ないとか、1シーズンに1回で十分だという意見も納得できるはずだ。シャツ同様、スーツもできる限りクリーニングは避けたほうがいい。

2着でもローテーションは可能だが、シミや傷みのリスクも考えるなら、余分に1枚あると安心できる。また、週に1度シャツをアイロンがけする際に、ズボンの中心に走る縦のラインであるセンタークリースを確認するとなおいい。センタークリースが取れているようであれば、あて布をしたうえで、アイロンでセンタークリースを再現するようにする。

次に、ビジネスの観点から見ると、たいていのビジネスマンは、次の3つのシーンでそれぞれ1着あれば十分対応可能だ。

- お客様先の前や謝罪の場などかしこまったシチュエーション⬇**必ずスーツ着用**
- 社内、先方が緩い着回しをされる方など、かしこまるのが好ましくないシチュエーション⬇**ジャケパン**
- 外出も可能だし、初めて会う方など上記2つのシーンの中間⬇**少しカジュアルなスーツかシックなジャケパン。カジュアルさをできる限り消すようにする。**

この3つのシーンでビジネスシーンはカバーできる。

もちろん、営業職ならばスーツを2着にするとか、内勤が多いならジャケパンを増やすというように、それぞれの状況に合わせて3着の比率を決めるといい。ミニマルを実現するためには、使用頻度はサイズや生地と同じくらい重要なポイントだ。

以上の話をまとめると、3着の比率は次のように区分できる。自分の環境に最も近い比率を選ぶといい。

- スーツ3着＋ジャケパン0 ⬇ 服装に厳しい職場
- スーツ2着＋ジャケパン1 ⬇ 標準的な職場
- スーツ1着＋ジャケパン2 ⬇ わりと服装には寛容な職場

Minimal 6

ジャケットのサイズ選択

肩のフィッティングを優先

シャツ選びで見たことと同じであるが、選択する際の優先順位を確認しておこう。

1 サイズ
2 素材

3　スタイルやデザイン
4　色やディテール

スーツもまたシャツと同じ観点でチェックするといい。何よりも優先するのはサイズである。シャツでは首周りのサイズを最重要視したように、スーツの場合も最も重視する部分がある。**肩である。**

シャツと同じように、肩幅は変更ができないからだ。胴回りやその長さは調整できるというよりも、むしろ必ず調整すべきポイントであり、まずは調整できない肩をきっちり合わせないと、スーツ選びは先に進まないことになる。

サイズが合っているかいないかは次のポイントでわかる。

- 肩にしっかりフィットし、反対の手で肩をつまんだときに、肩パッドや生地を1センチ（爪の長さよりも若干短め）程度だけつまめる程度。余分なスペースがないこと。
- 肩を動かしたときに、肩にジャケットを感じることができる。何も感じないのは、ゆったりフィットではなく、大きすぎることを表している。そもそもスーツにゆったりフィットなどというものは存在しない。

・腕をまっすぐに下ろしたときに、スーツにシワが入っているのは、サイズが合っていないことを示している。

日本人は前肩体型であることが多い。さらに欧米人に比べて胸板が薄い。近年、この点については各メーカーが対策を講じていると思うが、念のためヨーロッパのインポートブランドを選択する場合は、肩と胸に注意して試着したほうがいい。ブランドの名前を購入の決め手にすべきではない。日本人はなで肩の人が多く、あまりに肩に合っていないスーツだとシワが自然と生まれる。姿勢がよくない場合もシワは入るので、姿勢を正したうえで試着するといい。ある程度の欠点は服が隠してくれる。ただ、何よりもあなた自身の努力が欠かせないのは、お腹のたるみに限ったことではない。姿勢の維持も大切だ。大きいサイズのシワは縦に入る。反対にサイズが小さいと、シワは横に入る。さらに次の点を注意してほしい。

・後ろから見たときに、肩や肩甲骨、二の腕あたりにシワがないことを確認する。肩から腕のラインが実際の体のラインに沿っていることが望ましい。
・首まわりでジャケットが浮いたり、変なシワができていないかも確認したい。

前から見たスーツ姿にうっとりするのもいいが、後ろ姿は想像以上に周囲から見られているものだ。写真を撮って確認したほうが確実だ。ナルシストみたいだとかくだらない理由で確認しないのは賢明とはいえない。販売員や二度と会わない周囲の買い物客を気にするよりも、最適なジャケットを手に入れることのほうが大切なことだろう。

特に、立ち姿だけで問題ないと判断する人も多いかもしれないが、実際のオフィスでは椅子に座ることも多い。座ってシワが変な部分によらないか、手を上げ下げして、自由に動くかどうかという点も確認されたい。

体型にもよるが、既成品のジャケットは二の腕が大きすぎることが多い。この部分も正面から見た場合、死角となるので、必ず後ろや横から目視したり、あるいはジャケットをつまんだりして、フィットしているかどうか確認すべきである。肩幅が広かったり筋肉がついている場合、二の腕のラインがきつくなり、結果として横にシワができることになる。以上の確認をして肩にフィットするジャケットが見つかったら、次に他の部分のサイズを確認していく。

こうしたプロセスを経て適切なジャケットに巡り会えるまでに最低でも5着、多いときには20着程度試着をすることになるだろう。面倒だからといって、この手間を省いてはならない。試着できることが既成品の最大のメリットなのだから最大限に利用すべきである。

試着は権利だと心得よう。

　肩の次はすその長さである。

　お尻がギリギリ隠れない程度が望ましい。お尻が見えているのは恥ずかしい長さだ。手を伸ばしてみて、手のひらに触れる程度がちょうどいいという合わせ方もある。また、同時に見てほしいのは、ベント（ジャケットのすその切れ目）の開き具合である。ベントが開いているのは、体に比べてジャケットが小さく、キツイからである。いくら肩がきっちり合っていても、すその長さが適切でなければ、購入を見送る勇気を持とう。なにがなんでも早くジャケットを揃えることを目標にしているのではない。正しいジャケットを手元に揃えることが先決なのであって、それには当然時間がかかることになる。それが嫌なら最初からオーダーなどの選択肢を考えるべきである。

　次に胸をチェックする。ジャケットのボタンを締めて（後述するように、シングルを選択。3つボタンならば真ん中のボタンだけ、2つボタンならば上だけを締めた状態で）、手をパーに開いた状態で胸元に手がちょうど入る程度が望ましい。ボタンを締めたら横にうっすらとシワが入る程度がいい。何もシワが入らないのは、ブカブカすぎるのだ。よく手をグーにした拳が入る程度がいいというアドバイスもあるが、これだと隙間ができすぎる。逆にきつすぎると胸元が大きく開いて、ジャケットのラペル部分が湾曲し、いわゆる胸元が笑う状態になる。ここはお直しが可能なので調整するといい。ただし、ベントが開くこともあるので、3センチ程度の調整が限界と心得ておこう。ボタンを締めたときに、ボタン付近に少しだけシワがつく程度が好ましい。ボタンを中心にはっきりとXのシワができるのであれば、そのウェストはきつすぎるということである。

そでについては、シャツのルールで触れたとおり1・5センチ覗いていないとならない。もし休日にスーツを買いにいくならば、日頃使うシャツを持参していくこと。靴も同様である。靴を買う場合は、日頃使っている靴下を持参すべきだ。

それが面倒なら、仕事終わりに行くしかない。

販売員が「スーツのそではどうされますか?」と質問してくることがあるが、これはありえない質問だ。ジャケットのそでのサイズに長短はなく、自分に適した長さは1つしか存在しないからである。既製品であっても、適切な長さに直さねばならない。肩もピッタリで、胴回り(胸)もジャストサイズの既成品に出会う確率は、限りなくゼロに近いだろう。胸とそでについては、調整することが前提と考えておくべきだし、調整には1週間から2週間かかることを頭に入れておく必要がある。つまり、ジャケットを新調する場合には、着るタイミングから逆算して、チョイスや調整するリードタイムを加味して、1カ月程度必要であることがわかる。必要に迫られたからといって無理して購入してはならない。

時間を十分にかけること。着てからの期間のほうが長いのだから。

さて、スーツの知識が少しでもある方なら、スタイルにはブリティッシュやイタリアン、アメリカンなどがあることをご存知かもしれない。ただ、結論からいってしまえば、ブリティッシュが堅実であるとか、イタリアンが日本人にはいいとか、アメリカンが恰幅のいい人に合うなどというスーツのテイストを決めるのは難しい。残念ながら、スーツにまつわるあらゆるウンチクは、実際の購入と使用するにあたっては参考程度にしかならない。たいていの場合、〝ウンチク〟というものは、それが価値あるものだとわからない人に向けて、価値がありそうだと示すための表面的な言葉でしかないのだ。

したがって、試着してサイズが適切なら、あとは着たときの雰囲気がいいとかカッコいいとか悪いとか、そうしたシンプルな感覚に落ち着くものである。サイズは人に任せられないが、それが〝なんとなく〟カッコいいのか、そうではないのかという感覚はパートナーや友人にたずねるのもいいだろう。

ミニマルな生地の知識

Minimal 7

イギリス産ウール100%

サイズが決まったら、次に考えるのはシャツ同様に生地である。

シャツはコットン（綿）で、スーツはウール（羊毛）を基本とする。化学繊維はシャツ同様にできる限り除外すべきである。市場においては、イタリアかイギリスどちらかの生地が大部分を占め、稀に国産や中国産の生地がある。理想的にはウール１００％か90％以上なのだが、3万から4万円台でスーツを探すとなると、１００％ウールは難しいかもしれない。その場合でも、できる限りウールは50％を下回らないように、混合率が高いものを選ぶべきである。生地のブランドや産地よりも、ウールの量を優先してほしい。

柄やデザインのディテールというような、遠目でも見てすぐに違いがわかるものは覚えやすい。反対に、糸の撚り方や生地の種類となると、触覚も必要となるし、そもそもあまり話題になることもない。ただ、スーツにせよシャツにせよ、知識さえあれば、販売員と会話する際、たとえ用語を忘れてしまってもニーズを伝えることはできる。

綿や麻、ウールというような短い繊維は、撚り合わせて1本の糸（単糸）となる。そして、単糸をさらに撚り合わせて双糸《そうし》となる。いうまでもなく、撚り合わせることで、均質で丈夫な糸になるのだ。そして、たて糸とよこ糸を織って生地となる。産地によって、次のような特徴がある。

イギリスの生地：たて糸もよこ糸も双糸。ハリ・コシがある。※日本の技術はイギリスから輸入されている。

イタリアの生地：たて糸は単糸、よこ糸は双糸。しなやかで、やわらかい質感がある。

この違いは耐久性の違いを生む。実際には、既成品にせよ、オーダーにせよ、実際に触れてみて感覚で選ぶことになるだろうが、この知識は頭の隅に置いておいてもいいだろう。例えば、結婚式やパーティに着ていく一張羅のスーツをあつらえるならば、イタリアの生地は光沢があって見栄えがするだろう。反対に、日常の着回しの1着を選ぶとすれば、イギリスや国産の生地のほうがニーズにマッチしている。また、生地の織り方は、次の2つを覚えておくと、自分のニーズに合ったジャケット選びに役立つ。

平織り：たて糸・よこ糸ともに1本ずつ交互に交差する。通気性に優れ、夏物に多い。

綾織り：生地に斜めの畝《うね》が走る。保温性に優れる。

したがって、選択できるなら、イギリス産の生地を選ぶといいだろう。確かにイタリア産のウールは光沢があって、見栄えがいい。しかし、その長所である光沢や見栄えは同時に繊細であり、耐久性に乏しいという弱点となる。ふだん着るもので、できる限り長く着用したいというサラリーマン的発想からいえば、イギリス産のほうが、僕たちのニーズを満たしてくれる可能性が高い。日本はイタリアよりも、イギリスの気候に近いのだ。それならいっそ国産でいいじゃないかという話になるが、もちろんそれも十分に選択肢に入ってくる。

なお、スーツの生地も機能性を考える必要はない。例えば、家の洗濯機で洗えるとか、汗が乾きやすい素材だとかいう類の生地のことである。そんなことを考慮するよりも、問題なのは自分の手入れの習慣であり、良質なものを丁寧に扱うことでこうした機能は必然的に無用となる。

Rule 8

黒のスーツは買わず、紺3着

最初に揃えるべきスーツの色

サイズと生地を選んだら、次は色やディテールを検討する。まず、日本のスーツの代名詞である「黒」だが、黒のスーツはいかなる場合でもビジネスには不適切である。日本では、黒のスーツと白のシャツを着ておけば無難で問題ないという風潮があるが、ヨーロッパでは日常のスーツスタイルに黒と白は使わないのがスタンダードであり、ルールでもある。

黒のビジネススーツがどれほど高価なものでもゴミ箱に直行すべきものである。これすら知らないということであれば、ルールを知らないお子様とみなされても仕方がない。

さらに最悪なのが黒のスーツに茶の靴を組み合わせることだ。これは色彩感覚が欠如していることを告白しているようなものである。黒と茶はまったく合わない。逆もまたしかりで、黒の靴に茶のスーツもいただけない。

では、ビジネスシーンでスーツに選ぶのは何色だろうか。

模範解答はグレーか紺。

この2色はルール違反にはならない。どちらの色にしても、濃いほうがクラッシックだし、フォーマルでもある。

ライトグレーやライトネイビーはおしゃれに気を配っているというオーラを出すには十分かもしれないが、それでは信頼を得ることはできない。

ミニマルの視点から言えば、**スーツは濃い紺3着**でいい。

グレーをオススメしない理由は3つある。

まず、グレーという色自体が扱いにくい。若い人が濃いグレーを着ていると、それだけで老けて見えてしまう。ご年配の方でも量販店のスーツのような安価で光沢のない生地を選ぶとなると、なおさら難しい色となるのではないだろうか。やはりグレーは高価かそうでないかが一目瞭然である。グレーは濃すぎると黒との判別が難しく、黒を着ている非常識なビジネスマンと受け取られるリスクもある。確かにチャコールグレーは文句なしなのだが、選ぶ人のセンスを必要とする。それに対して、紺はたとえ濃くても光のあるところでは、黒との違いは明らかだ。

次に組み合わせを見ていこう。ミニマルの観点からいっても、シャツを白とサックスブルーに固定して、紺のスーツを持ってくれれば、紺のタイでグラデーションを作ることも簡単だし、統一感も生まれる。グレーのスーツでも同じような組み合わせができるが、統一感という意味合いでは無彩色であるグレーの面積が大きくなりすぎて紺には勝てない。したがって、最初の3着は紺でいい。着こなしを増やすとか、観察眼が磨かれて自分に使いやすいグレーの色味がわかってきたというように、次の段階に入ったときにグレーを取り入れるくらいで十分である。

最後に、グレーは水の影響を紺よりも受けるデメリットがある。雨で足元や肩が濡れれば、グレーだと水の跡が乾くまで残ってしまい、清潔感に欠ける。これは、たとえ濃いグレーでも解決できない問題なので、僕はジャケパンでも雨の日にグレーのパンツは履かないことにしている。

以上の理由から、グレーを最初の段階であえて選ぶ必要はない。紺でもさまざまな濃淡があるし、フォーマルもしくはカジュアルでも頻繁に使うことになる紺という色の経験値を上げる機会にもなる。

Minimal 8

ストライプ

スーツに柄を持ってくる理由

スーツの柄は無地かストライプのみとする。それ以外の、例えば格子柄はやはりクラッシックではなく、トレンドを意識したオシャレと映ってしまう。だが、オシャレな人を目指す必要はない。

しっかりした知識に裏づけされた選択と着こなしを地道に積み重ねてスタイルを確立し、自分が信頼に足る人間であると周囲の人に認知させるのが最終的な目的である。「スタイルが確立している」という褒め言葉を知らない人や語彙力のない人から、単純に「オシャレだね」と褒められてもけっして勘違いしてはならない。いつでもスタイルのヒントは、先人たちの残した言葉や絵画、写真といった文化にあるのであって、知識のない気まぐれな周囲の言葉を鵜呑みにするのは危険でさえある。

さて、安い生地で無地というのは、光沢もイマイチで着こなしが難しくなってしまう。紺や濃いグレーの無地という選択肢もハズレではないものの、最初の3着ではオススメしない。理由は単純すぎて初心者には着こなしが難しいからである。経済的な制約がある場合、生地や仕立ての良し悪しがそのままスーツに反映され、みすぼらしい格好になる可能性が高くなる。

いくぶん弱気な選択ではあるものの、ストライプを基本とすれば、このような状況は避けることができる。

ストライプにもいくつか種類があり、シャドーストライプやピンストライプ、ペンシルストライプとさまざまだ。しかし、共通した考え方として、ストライプのピッチ（間隔）はできる限り狭いほう（1センチ未満）がフォーマルに近づく。そして、ストライプ自体は目立たないほうが上品である。また、ストライプは太ったお腹をスリムに見せる効果もある。この意味でも、第1章で述べたようにシャツでストライプを使わないほうがいいことになる。ジャケットのほうがシャツよりも面積が広いぶん、視覚効果は高まるのだ。

したがって、3着のスーツを選ぶ際に、前記のストライプを選択し、色はできる限り濃い紺とすればいい。

ジャケット1枚＋スーツ2着の組み合わせなら、スーツは前記2つからフォーマルな順にシャドーストライプとピンストライプ、ジャケットは紺無地のジャケットを選べばいい。

ジャケット2着＋スーツ1着なら、スーツはシャドーストライプ、ジャケットは紺無地を濃淡それぞれ2着ずつとなる。パンツは濃いグレーがいい。これが好ましいのは、スーツの色合いとも同じで淡い色だとカジュアルすぎるからである。ジャケパンの場合は、ジャケットにストライプや格子柄はあまりオススメしない。ジャケットで柄を1つ使ってしまうと、ズボンとタイの柄が制限を受けることになり、ジャケットの汎用性が下がってしまうからだ。ジャケットは高価で選択に時間のかかるものなので、遊びは必要ない。どうしてもハズしたいのなら、できる限り安価でサイズの影響を受けにくいものにしておくほうが経済的だ。

最後に組み合わせの観点から、選ぶべきストライプを考える。基本としてストライプは同系色（青、紺、淡い青など）か、もしくは白を選ぶべきである。それ以外の色だと騒がしくなるし、タイの色やチーフの色の選択幅が狭まってしまう。

全体のコーディネートでは柄が2柄までとカウントすべきなので、色についても2色＋無彩色にしたほうがいい。スーツのストライプの色で青系や白以外を持ってくると、タイは自然とストライプの色と合わせざるをえなくなる。

ただし、スーツは1着あれば十分で、その際とっておきのものを手に入れたいと考えているのであれば、ぜひ無地にトライしてほしい。いい生地と仕立てであれば、無敵である。柄をよけいに使わないぶん、洗練されるし、タイの柄にもバリエーションを持たせることができるだろう。

えりで損をしない

Minimal 9

シングル、ノッチドラペル 8・5センチ±0・5センチ

サイズと生地、色を選べば、あとはディテールを整えるだけである。ジャケットはふだんから目にしていることもあり、ディテールについては、じつは知っていることが少なくない。単に用語を知らないとか、何が適切かを選べないだけであって、多くの人はその違いに気づいている。だから、以下のことを読めば、このことかとすぐに理解できるはずだ。シャツよりパーツの違いは顕著である。だからこそ、人に与える印象も大きく変わってくる。

まず、ジャケットのラペルとボタンを見ていこう。人目につきやすいがゆえに、トレンドの影響も強く受ける部分である。

ラペルとボタンの組み合わせは、イラストで示したものが一般的である。

次のページの右のイラストは俗にいうダブル（ボタンが2列についている）、左はシン

ノッチドラペル
ピークドラペル
ウェストコート

グル（ボタンは縦1列についている）である。どちらかがルールにのっとり、どちらかがクラッシックだということもない。ただ、ミニマルという観点から、ビジネスシーンで年代やシーンを選ばないのはシングルブレステッドである。そうなると自動的にノッチドラペルの組み合わせになる。ピークドラペルを選べば、華やいだ印象になるし、威厳が出てくる。そのため、30代でピークドラペルを選択することは、社会的に見てそれなりのポジションにいない限り選択肢には入らない。また、ダブルを若い世代が着ると、生意気だと思われる風潮は今もあるかもしれない。そもそも、ダブルブレストは権威の象徴だったという歴史的背景も影響しているのだろう。

米国のドラマ『ＳＵＩＴＳ／スーツ』の主人公・マイクの上司ハーヴィー（彼も主人公）は現在のシーンでは常にピークドラペルのシングルを着ているが、過去の下積み時代のシーンではノッチドラペルのシングルブレステッドを選択している。

この上司ハーヴィーが法律事務所のエースであることを暗に示したいという制作者側の意図は汲み取れる。ただしピークドラペルの着こなしを30代以下で真似すると間違いなく「派手好きで自己主張が強く、空気が読めない」奴と見なされるだろう。

いくら服装は自由だとか、世代ごとに意識が違うとか、多様性はあらゆる価値観に優先するというような美辞麗句を並び立てたところで、ＴＰＯをわきまえない着こなしが許されるビジネスシーンは世界のどこにもない。

それ相応の実力と実績、社会的な地位があるからこそ、自由を享受できるのであって、まだそれを手に入れていない人間には服装にも自由などあるはずもないと心得るべきである。

また、仮に成功したとしても、節制が美徳であるとされるのは何も日本だけの話ではない。何不自由なく暮らす様は、敵を作ることのほうが多いように感じる。ということもあり、僕は嫌われ者の役を買って出る気はないのでノッチドラペルを選択している。

ジャケットのディテールに話を戻そう。

ダブルのVゾーンはシングルに比べて狭くなる。胸板に厚みがないなら、ダブルは避けたほうが無難である。日本人の標準体型だと、ダブルは「スーツに着られる」ことになる。恰幅のいい人が着用すると威厳が出るため、太った方が選ぶにはいいかもしれない。それでも、能力と実績、ポジションが必要であることに変わりはない。そうなると、ダブルを着る資格がある人はそう多くないことに気がつくだろう。

いずれにせよ、たいていの人は最初に購入する3着はシングルでノッチドラペルということになる。

次に、シングルには3つボタンか2つボタンという選択肢がある。標準体型ならば2つボタンの一択である。

2つボタンはVゾーンが広くなる。これは、顔の比率が大きくなりがちな日本人の体型をうまく補正してくれる。シャツの見える面積が狭くなれば、着こなしが一気に難しくなることは、よく知られたところである。似合わないスーツを着る必要はまったくない。

また、3つボタンにも段返りといって、ラペル(ジャケットの下えり)の下に一番上のボタンが隠れたタイプがある。これならば、確かに2つボタンと比較して、Vゾーンはさほど狭くはならない。ただ、ミニマルを考えるなら、あえて無駄なボタンが1つついたものを選ぶ必要はない。なお、3つボタンが似合うのは、顔が小さくて、高身長で、足が長い場合のみである。自信過剰でない限り、冷静に考えれば、2つボタンを選ぶという結論に至るだろう。

なお、立ち上がったときにかけるボタンはいずれのスーツでも1つだ(段返りなら真ん中のみ、2つボタンなら上のみ)。

ラペルの長さは、8・5センチ±0・5センチまでがルールにのっとった広く認められる太さで、クラシカルに見える。本によっては、9センチから10センチとアドバイスしていることもあるが、既製品の市場においてはこれだと若干太く感じてしまうし、見つからないこともある。太すぎるラペルのスーツは、そもそも体型的に着る資格がないとか、トレンドを意識したものであるとか、タイと合わせにくいというように、一般人には買う理由が思いつかない。

なお、オーダーすればラペル部分のステッチをどうするかをたずねられる。さすがに色違いの糸によるステッチを選択することはないだろうが、判断に迷うところかもしれない。そのとき、服装の本質は引き算であることを思い出してほしい。

ステッチは間違いではないが、色は必要なものではない。スーツと同色のステッチでいい。

なお、ラペルには花を挿すフラワーホールが2センチ空いている。社章を挿すことに使う人も多いが、当然1つだけあれば十分である。

僕自身は8センチのラペルのジャケットにしている。基準としている8・5センチより細いが、いくつかの理由がある。

まず、既製品という制約があるためだ。

ラペルの太さは流行の影響を受けるため、クラッシックにこだわりすぎると、オーダーしか選択肢がなくなってしまう。近年はクラッシック回帰が顕著で、ラペルは太くなる傾向にある。そのため、今後は8・5センチや9センチなどのラペルがスタンダードになるかもしれない。ただ、8センチから9センチ以外のラペルは、明らかにトレンドを意識しているし、購入の選択肢からは切り捨てていい。

次に、タイとの関係性を見ていこう。

ラペルをスタンダードである8・5センチにした場合、タイも8・5センチにすればバランスがよくなる。タイとラペルは長さを合わせるか、比例させるといい。僕はゴージラインと合わせてタイを8センチにしている。値段や質を考えてリーズナブルだと考える既成品が8センチであることも影響している。ラペルは9センチなのに、タイは7センチだとアンバランスで見苦しくなる。ラペルとタイの幅の差は、0・5センチまでに抑えることで統一感が生まれる。それ以上だと見ればわかってしまう。ミリ単位で合わせる必要もないし、予算の都合もある。ただ、タイを取り出し、できる限りラペルとタイの幅をマッチさせるようにメジャーで測るくらいの努力はすべきである。使えないものをわざわざ新調することとほど無駄なことはない。

最後に体型だ。痩せ型で9センチのラペルをすると、なんだかジャケットだけが威張っているようで、滑稽に映ってしまう。逆にいえば、恰幅がよく、社会的な地位もあれば、9センチでもいいだろう。

このあたりの最終的な判断は、やはり販売員と話しながら、自分の感覚にも委ねてみるといいだろう。この本を一読していれば、恰幅のいい人が7センチのラペルのスーツを選択することもないだろうから、常識的な幅に落ち着くはずである。

以上をまとめてみよう。

シングルブレステッド＋2つボタン＋ノッチドラペルで幅は8・5センチ±0・5センチ。

これが僕たちの選ぶジャケットの基準である。さしあたり、それ以外は無視していい。

品行方正な振る舞い

Rule 9

一番下のボタンは留めない

ボタンの留め方は、基本的なルールではあるが、間違えている人をよく見かける。

◎立っている場合
・段返りの3つボタンは、真ん中のボタンだけを留める。
・2つボタンは、上のボタンだけを留めること。つまり、2つボタンでも3つボタンでも、下のボタンは外しておく。スーツはボタンを外す前提でデザインされているので、例外はない。

・スリーピースの場合、中のウェストコート（ベスト）についても、一番下のボタンは外しておく。ちなみに、ウェストコートを着ている場合、上のジャケットのボタンは留めても、留めなくてもいい。ただし、留めないことをオススメする。理由は2つある。1つは見た目にも窮屈に感じられるからだ。もっとも、ジャケット単体で着ることを想定してサイズ調整をしているならば、ウェストコートが増えたぶんだけウェストは太くなり、ジャケットのボタンに変なシワが寄ってしまう。2つ目は、開けているほうが利便性は高いからだ。座るときや立つときにボタンを開け締めすることから開放される。ウェストコートを着ておくだけで、服の乱れは多少確認することがあったとしても、それ以外の確認作業からは解放される。

◎座る場合

どのデザインであっても、ボタンは外すこと（ウェストコートを着ているときは何もしなくていいことになる）。座りながら、片手でスマートに外すとカッコいい。

ただし、就活生は注意が必要だ。就職面接で座りながらボタンを開き、立ちながらボタンを締めることはルールにのっとった行動であるが、世代が上の面接官には生意気に映ることもあるようだ。だから、面接のときには相手の服装をチェックする余裕を持ちたいものだ。

黒のスーツにボタンダウンのシャツを合わせて、チェックのタイをしているような面接官だったら、あなたも「それ」に合わせてボタンは締めたままでいい。面接は大人への登竜門なのだから、間違っている人が目の前にいても、それを示すのはよくない。人の誤りは正すのではなく、自分が同じ過ちを繰り返さないようにするのが品行方正な人間のやることである。

マナーを破るための選択肢

Classic 5

サイドベンツ

ジャケットの後ろの切り込みをベントという。

切り込みがないノーベントがもっともクラッシックかつフォーマルで、どのような場でも用いることができる。ただし、現代ではあまりに固すぎる印象を与えてしまう。具体的にいうと、ノーベントはタキシードやディレクターズスーツで用いられるもので、上質な生地でオーダーし、ここぞという公式の場での一張羅を作るなら選択肢としてはいいかも

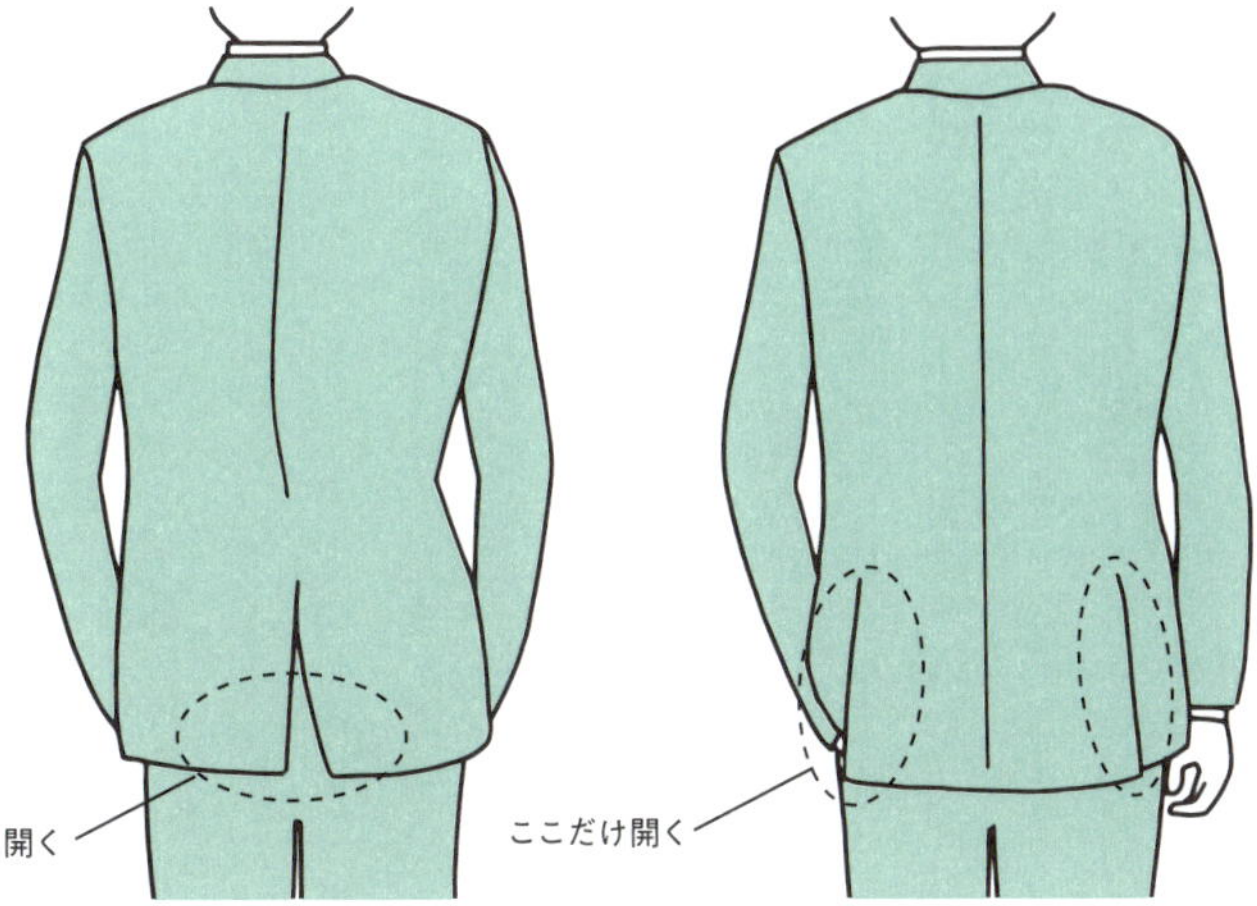

サイドベンツ（右）はお尻が見えない

しれない。だが、日常使いのスーツとしては、汎用性を著しく欠くことになる。

ベントのあるほうが、軽やかさが程よく生まれる。また、既成品を前提にすると、センターに切り込みが入っているセンターベント、あるいは左右に切り込みの入っているサイドベンツ（複数形）が選択肢となる。

では、どちらを選ぶべきなのだろう。ルール上はどちらが正しいということはない。ただ、消去法でサイドベンツとなる。どういうことだろうか。

理由としては、人にお尻をできる限り見せないというマナーを常に守りたいからだ。ポケットを手に入れても許されるのは、本来は名家の出身など限られた人間のみであるが、個人の癖や寒いときに、手をズボンのポケットに入れることがないわけではない。その場合、センターベントだと、ジャケットが引っ張られ、お尻があらわになってしまう。しかし、サイドベンツであれば、お尻を隠したままにキープできる。また、手を入れたときでも、両サイドのスリット（切れ目）のおかげで、ジャケットの背中にはシワが寄ることもないし、まっすぐ生地が降りている状態で美しい状態を保てるのだ。そして、スリットも地面に垂直になったままである。これらは、スツール（背もたれのない椅子）に座ったときにもいえることで、生地がストンと落ちて、スリットが地面に対して直角になっている様子は、着用者の身長を高く見せる視覚効果もある。

また、よく日本では議論になるポイントとして、裏地が挙げられる。スーツの裏地は、総裏と背抜きという2つのオプションが〝日本〟では存在するからだ。

ここは総裏の一択でいい。

背抜きはスーツの裏地を省き、通気性をよくする。総裏は、前身頃から後ろ身頃にかけて裏地をつけることで、滑りやすさや汚れから表生地を守るという機能がある。

背抜きにした場合、光が当たると布地が透けることがある。また、生地自体が物理的にも軽くなるため、ベントがひらひらとはためくこともある。風でベントがはためいているのは、女性のスカートがめくれているようで品がいいとはいえないし、スーツという重厚感が一気になくなってしまう。もっとも、日本の夏は高温多湿で、総裏など着ていられないというのも理屈ではわかる。ただ、屁理屈に聞こえるかもしれないが、紳士たるもの多少の我慢も必要なのだ。

サイドベンツの持つ荘厳さと総裏の重みのある生地が、自分の品性のなさを打ち消してほしいと密かに願っている次第である。

いつも引き算を

Classic 6

フラップは常に隠し、腰ポケットは水平

フラップとはジャケットの腰ポケットについたフタのことをいう。ポケットの中にゴミが入らないようにするためのものだが、着こなしの上でマストとはいえない。オーダーの際、もし選択できるならば、取ってしまってもいい。ただ、たいていの既製品にはフラップがついている。たとえフラップがあったとしても、常にフラップを隠しておくべきである。

理由が3つある。

世の中には、室内ではフラップを中に入れ、室外では外に出しておくという真偽が定かではないマナーもあるらしい。そもそも、クラッシックではフラップがないのが当たり前であり、それが外出時であろうが室内時であろうが、マナーにのっとったスタイルでいることが好ましい。

次に、常にフラップを出しているか、出していないのかを確認するのは面倒である。紳士はゆったりと最小限の動きをするものである。仕事中はフラップなんかよりも、目の前にいる人とのコミュニケーションに神経を注ぐべきではなかろうか。

最後に、ジャケットにフラップがあると、どうしてもそこに目がいってしまうことが挙げられる。飾りでしかないポケットがより強調されてしまうおそれがあるのだ。

また、オーダースーツの際には、腰ポケットをどう切るか訊かれることになる。

腰ポケットには斜めに切ったもの（スラントポケット）やハッキングポケットもある。乗馬の際、前のめりになっても中のものが出にくいという配慮から生まれたものらしい。乗馬というスポーツが起源であることを知っておきさえすれば、ポケットを水平に切ることが正しいと判断できるはずだ。スーツを着て乗馬などしないことは誰にでも想像がつくだろう。

クラッシックさとは、引き算の美学である。無理して不必要なものをつけるというのは

ポケットは水平に

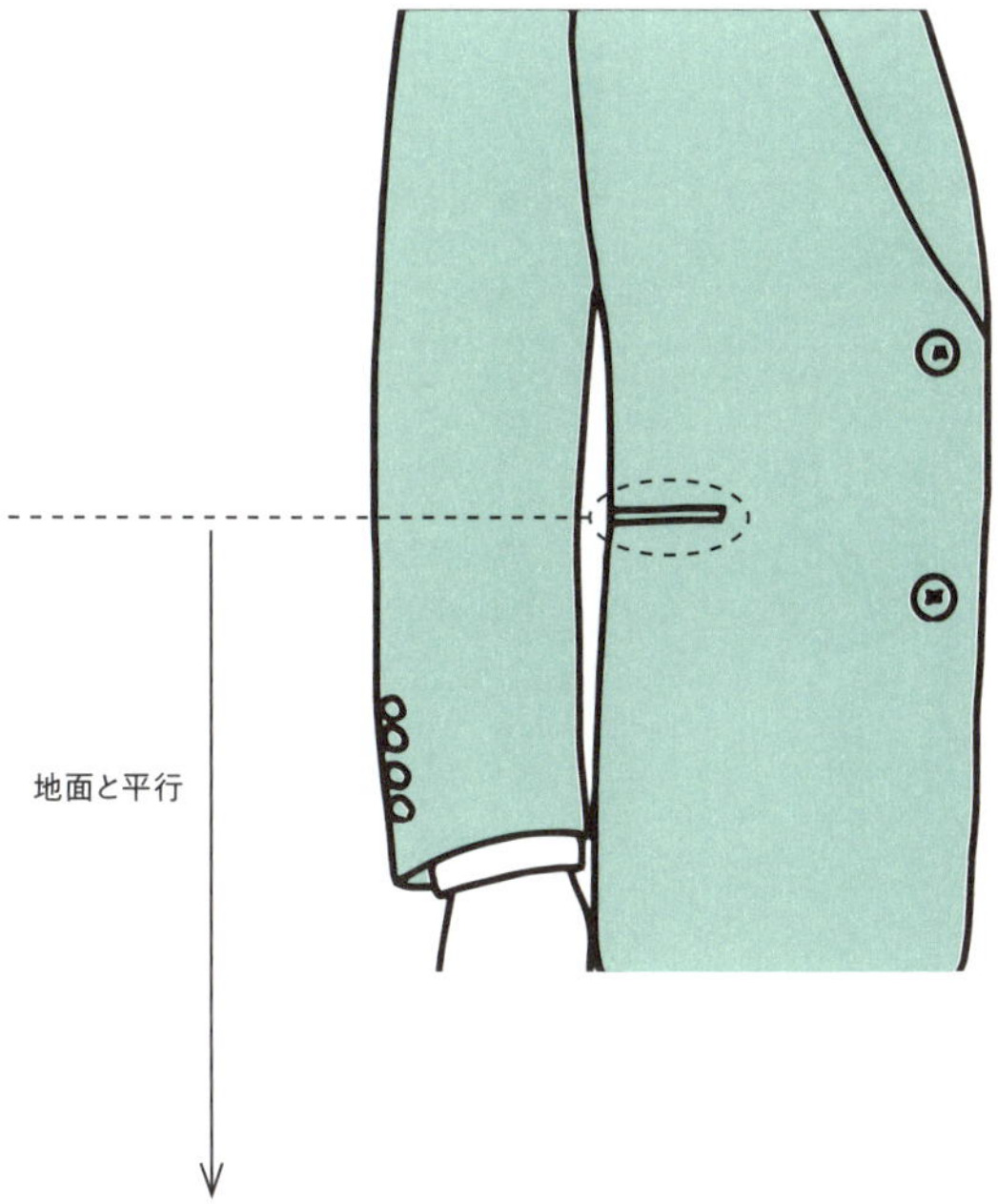

不粋でしかない。

フラップを出していたり、人と差をつけようという下心からポケットを斜めに切ったりすることは、あまりに無意味で機能的でもない。

同じ理由で、僕はオーダーでチェンジポケット（右ポケットの上の小さなポケット）もつけない。

確かにチェンジポケットをつけることでジャケットの装飾が増え、見る人の視点が上にいく。結果として、足が長く見えるという効果も期待できるだろう。その意味で役割がないとはいいきれないが、ルールではないし、完全に好みの範疇である。

Classic 7

上品なジャケットのそで

本切羽、そでボタンは4つ

ジャケットのそで口には3つか4つのボタンがついている。

手持ちのジャケットを確認してみよう。そでのボタンが1つか2つなら、それはカジュアル目的に作られているため、ビジネスシーンにはふさわしくない。

ボタンは、そで口が開くように作られた本切羽《ほんせつぱ》（下から数えて3つ目までは開いていて、4つ目は塞がっていてもOK）の一択である。この点については、メーカーも配慮しているようで、近年スーツ量販店でも本切羽のものが大半である。

ただし、一番上のボタンホールだけスーツとは違う色でかがってあるジャケットを目にすることがあるが、これは避けるべきである。ましてはオーダーであつらえるべきものでもない。理由は2つある。

ここまで読んでいただいている読者の方ならおわかりだろう。

1つ目の理由はそのマインドである。オシャレ心などというものは、そもそも引き算を美徳とするスーツスタイルにおいて不要である。色を足すとか、普通と違うように飾ってオーダーできる経済力を誇示するのは、下品な成金趣味である。

もう1つの理由は、タイやポケットスクエアの色の選択の幅を狭めてしまうからである。面積は小さくとも、そこに色が生まれれば、どこかでその色を「拾う」のが好ましい。ポケットスクエアとタイの色を合わせることは、最もシャレていないオシャレだが、さらにボタンホールの糸まで揃えるなると、やりすぎを通り越して、自分に酔っているだけである。

全体のコーディネートにおいては、2色+無彩色が好ましい。青系統のかがり糸ならば、スーツで紺を選択しているので、たとえボタンホールの色を少し変えても、もう1色だけタイで使用することが許される。しかし、仮に青系統以外の色（たいていの場合、赤などの目立つ色を配している人が多い）であれば、スーツの紺と糸の色の2色で、結果としてタイは青系統かその糸の色に合わせるしかなくなる。悪いとまではいえないが、ミニマルを考えると、ジャケットとタイの汎用性を下げることにしかならない。

こうしたことは、フェイスの厚い時計同様、自己顕示欲が強い人がすることである。相手を測るバロメーターとしてはいいが、けっして真似してはならない。

さて、ボタンの数が4つなのは、ボタンを外すという選択肢があるためである。

通常、4つのボタンは外すべきではない。「自分は本切羽のジャケットを羽織っているのだ」と主張するためにやることではないからだ。ルールも承知でかつ上等なジャケットを羽織っている人が、あえてスキを見せるという類の上級者の「ハズシ」であって、僕たち初心者が手を出すものではない。

最後に、ボタンのつけ方には、ボタンが触れ合うように接している場合と、間隔がある場合がある。好みで決めていいが、一般にボタンが触れ合っているほうがクラッシックだという趣もある。また、腕が短いならボタンを重ねて、視覚的にバランスよく見せるという考え方もある。ただ、実用面を考えると、そで口のボタンが重なっていると割れるリスクが高まってしまう。開ける可能性があるのだから、本切羽を選択しているのだし、重なっていないほうが片手で着脱しやすい。どちらのいい分にも理由があるし、明確なルールがあるわけではない。

なお、オーダーの際にボタンを選択できるなら、次の組み合わせを知っておくと役に立つかもしれない。光沢の強いものでパーティなどに用いるならば貝ボタン。紡毛《ぼうもう》であれば水牛。通常は水牛でいい。カジュアルな趣のジャケット単体であればヤシの実がいい。このあたりも、趣味もあるし、販売員の方と相談しながら、生地と目的に合わせて選択するといい。楽しい時間だ。

ズボンのサイズ合わせ

Classic 8

ヒップで合わせて、ウェストを直す

ここまではジャケット（スーツの上着）について説明してきたが、次はズボンについて見ていこう。もちろん、ズボンもサイズを優先すべきである。

ズボンは、ヒップ→太もも→ウェスト→すそ、の順でサイズを確認していく。理由は、

シャツやジャケットと同じように、ヒップや太ももはお直しができないのが普通だからだ。

適切なサイズとは、ジャケットと同じで、着用したときにどこにもシワが寄っておらず、キレイにヒップラインが出ている状態のことをいう。たいていの場合、ウェストとすそだけを合わせて終わりということが少なくない。だが、そのような雑なサイジングはスーツスタイルを台無しにしてしまう。

ウェストから考えると、お腹が出ている場合にはヒップがダボダボになってしまう。まずはヒップが適切な状態かどうかを確認してほしい。なぜなら、ヒップの食い込みは特に見苦しいからである。自分からだと確認しづらいが、周囲の人間はそうでない。パツパツのヒップは、おじさんが若作りしている印象を与えるか、細身を着こなしているナルシストにしか映らないだろう。ジャケットを着ていても、ギリギリ見える場所なだけにヒップは目立ってしまう。後ろポケットに財布を入れるというルール違反も同時に犯していようものなら、その後ろ姿は悲惨な状態でしかない。

次に、スポーツをしている人に多いが、太ももが太い場合には注意が必要である。太もものわたりは実寸＋10センチが目安である。多少のゆとりがないと、ここも生地がパツパツになってしまい、シワが入ってしまう。スポーツマンがオーダーする場合は、お腹よりも太ももを心配したほうがいい。どうしても既成品で対応できないならば、残念ながらオーダーしか選択肢はない。スポーツ体型という男性としてのアドバンテージを手にしているのだから、オーダーという経済的なコストには目をつぶってほしい。

さて、ヒップと太ももがちゃんと適切なサイズであれば、あとは調整が可能である。ウェストは見た目にもわかりやすい。ただ、購入後に太ってしまい、ウェストが小さすぎるとポケットが常に開いた状態となってしまう。これは、生地の不足から生まれていて、避けたい着こなしである。購入後に生地をつけ足すことはできないからである。また、さんざんジャストフィットを選ぶようにいっているが、ズボンのウェストについては、指が2本程度入るくらいがいい。なぜなら、座るときにはどうしてもウェスト部分に負担がいくことになるからだ。また、体重が変わりやすいという体質の方もいるかもしれない。あらかじめ手を打つのが許されるのがウェストである。

なお、ヒップのポケットについては、ジャケットのフラップ同様に不要である。シルエットを美しく保つためだが、既製品であればヒップポケットのないものを探すことは不可能ともいえる。

このような現実を考えると、シャツの次にオーダーしてもらいたいものはズボンとなる。既製品では本書の内容をすべて満たすズボンには巡り会えない。スーツのズボンをオーダーするということは、つまりはスーツ（ジャケット、ウェストコート、ズボン）をあつらえることになる。

オーダーが絶対ではないが、経済性を優先してしまうと、クラッシックな観点を犠牲にしてしまうことになりかけない。もちろん、既成品のベルトホールのあるズボンをリフォームする選択肢もあるが、追加の予算が必要となる。

クラッシックという信念を貫くためにはある程度の経済的な負担は覚悟しないとならないが、その見返りは十分あるはずである。ズボンを見れば、その人がスーツの着こなしに配慮している、つまりは自分に投資していることも見えてくるものなのだ。

ズボンの細部

Classic 9

すそは2つのサイズを使い分ける

ダブルで地面と平行、ダブルの幅は4センチ、糸留めで仕上げしたうえで、サイズについては次の2つを使い分ける。

スーツ：ハーフクッション＋ワンタック

ジャケパン：ノークッション＋ノータック

サイズは常に最優先事項である。

ズボンを片足だけ採寸するのは、愚行以外のなにものでもない。人間は左右で足の長さが微妙に違うからだ。また、量販店に行くと、すそをシングルにするかダブルにするか聞かれることがある。シャツのそでと同様、すその折り返しがないものがシングル、折り返しているものがダブルだ。どちらでもルール違反というわけではないが、適当に決めてはならない。そのような選択をしてもよからぬ結果しかもたらさない。

フォーマルなズボンの場合はシングルである。したがって、タキシードなどは後方にかけて長くなるように傾斜をつけたモーニングカットでシングルとなる。ただ、スーツは日常的な服装だ。スーツのズボンはダブルで平行の一択でいい。

ちなみに僕はダブルだけにしている。就活生のときに憧れたというのも1つの理由だが、ダブルは重心が下がり、見た目もバランスが取れるからである。ジャケパンの場合もフォーマルさを避けるために、すべて平行に仕上げている。

ダブルの折り返しの幅は、4センチから4・5センチで指定するとトレンドの影響を受けずにすむ。ズボンはすべてダブル、4センチ、糸留めでいい。クラッシックなものはすべて天然素材で作られるということを念頭に置けば、たとえ見えなくても、すそにシルバーのスナップが存在する理由はない。

さらに、ブレイク（クッション）は、ズボンが靴にあたり少しだけたわむ程度のワンクッションがいいとアドバイスされることが多いだろう。そもそもダブルにしている時点で、すその重厚さは保たれている。そこにさらにクッションを用いて、すそを強調するのはやりすぎである。

また、ジャケットのラペルの幅と同じく、クッションも流行の影響を受けてしまう。近年、特に若い世代には、すそ丈がやけに短い人が多い。靴下で足元のオシャレを楽しむというような雑誌などが勧める着こなしを安易に取り入れるような姿勢は軽薄にしか映らない。直立した状態で、すそから靴下が見えるのは明らかにズボンが短いのである。ホーズ（靴下）の部分でも述べるように、できる限り肌が見えないようにするのが基本なのだ。

このように考えると、ハーフクッション、もしくはシワをいっさい生まないノークッションがスーツにはもっとも適した長さだといえる。

ズボンが靴と接したときにたわみが生まれないノークッションはジャケパンスタイルのときによく似合う。僕はジャケパンにはチャッカブーツをよく合わせるが、そのときにハーフクッションだとズボンのすそがチャッカブーツにかかり、不要なたわみが生まれてし

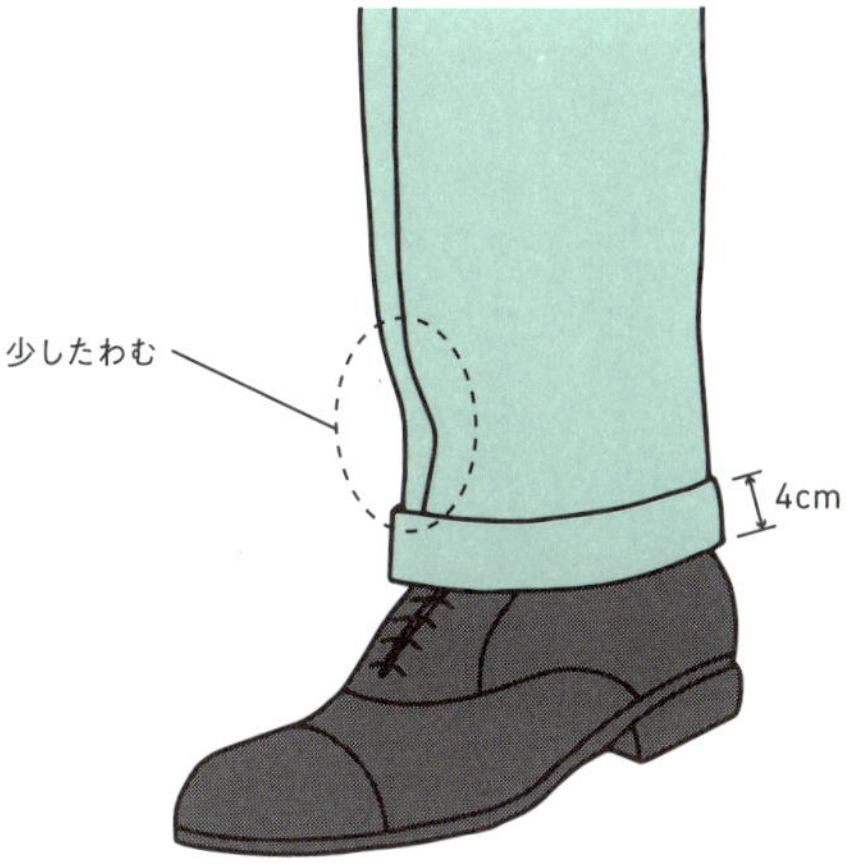

まう。当然ダブルで仕上げているため、印象が重くなってしまう。また、ノークッションであれば、丈が短すぎることにはならない。ジャケパンの場合は、靴との組み合わせを考慮し、汎用性を持たせる意味でノークッションのほうが好ましいのである。

ここで改めて指摘しておきたいことは、ズボンだけで丈の長さを決めてしまいがちだが、全体のコーディネートを重視するようにし、合わせる靴との関係性も考慮に入れるべきだという点だ。

このように、スーツとジャケパンとですそのたわみから生まれる重厚感を調整し、さらに靴への汎用性をキープするために、1人に2つのサイズという選択肢を提案したい。覚えることは増えるかもしれないが、この2つのサイズを念頭に置けば、トレンドに左右されることなく生地やディテールも吟味でき、ヒップや太もも、ウェストのサイズが変わらない限りは、長く、安定した着こなしができる。これは、スーツとジャケパン、いい換えるならフォーマルとカジュアルさの使い分けも明確にできていることも示している。

最後に、ディテールではあるが、タックを取り上げよう。

タックはウェスト前方すぐ下にある筋で、ウェストとヒップの太さに差を作り調整する役割を持っている。股上が浅いズボンはノータックで、クラッシックである股上の深いズボンにタックが必要になる。選ぶべきはクラッシックなズボンなので、ワンタックとなる。ただし、カジュアルなジャケパンスタイルでは、ノータックという選択肢もありえる。

ズボンのすそとタックについてまとめておこう。

- 共通：ダブル＋地面と平行＋4センチ＋糸留め
- スーツ：ハーフクッション＋ワンタック
- ジャケパン：ノークッション＋ノータック

ところで些末ではあるが、社会の窓の上にワッカのようなモノがある。これは、ピンループと呼ばれ、ベルトの中央の金具をループに通して利用するようになっている。こうすることで、ベルトが左右にずれにくくなるのだ。使用しなければ、ループが下に垂れ下がり、不格好にも見えてしまう。

当然ながら、ブレイシーズでズボンを吊るすときには不要になるので、もし既成品を購入しブレイシーズ仕様にするならば、取り除いてしまってもかまわない。そうすればスッキリした外観になる。

Rule 10

常にブラッシングを

スーツの寿命とお手入れ

既製品であればスーツの寿命は3年である。

1週間に2回着るとすると、2回×50週×3年＝300回、そでを通すことになる。洗濯することがないので、シャツとは比較にならないほど長く着られるのだ。また、スーツを増やして、1着あたりの使用頻度を減らしていくことも可能ではある。ただ、3年にこだわるのには、汚れなどの劣化以外に2つ理由がある。

まず、デザインの問題である。

既成品を買う以上は、少なからずトレンドの影響を受けることになる。例えば、ラペルについては「えりで損をしない」（109ページ参照）で、8・5センチ前後で選ぶように勧めている。しかし、ここ最近、ワイドラペルの傾向があり、既成品も今後これに追随することになると思われる。8・5センチにこだわると既成品では買えない状況が生まれてしまう。若干妥協をして9・5センチ幅のラペルのジャケットを購入しても、流行は3年程度で廃れる。どれだけ手入れをして綺麗な状態を保っていたとしても、そのジャケットは3年後にはゴミ同然になる可能性が高い。

次に、使用頻度の問題。

本書ではミニマルを提唱している。したがって、多くて春夏で3着、秋冬で3着、合計6着のジャケットやスーツを着回すことになる。さすがに周囲の人たちも、各季節ごとに3着程度しかスーツを持っていないことには気づくはずだ。年に数回しか着ないジャケットならば、長い年月着ていても、それは避けられる。だが、毎週2回ずつで3年以上着ていると、デザインの問題と相まって、あなたの清潔なイメージが損なわれるおそれがある。

したがって、デイリーユースのスーツやジャケットは3年おきに買い換えることを前提としたい。もちろん、真にクラシカルなスーツやジャケットを長く着ることは素晴らしいことである。ただし、その場合、使用頻度は必ず下げておくべきだ。残念ながらスーツは〝消耗品〟と割り切るほうが合理的ではある。その意味でも、寿命はあらかじめ設定しておくことをオススメする。

なお、以下のメンテナンスを実践する場合、一度スーツを着ると1日から2日はメンテナンスに費やすことになる、この意味でも3着は最低限必要であることがわかるはずだ。

何度か指摘したように、スーツに物を入れる習慣があるなら、即刻やめたほうがいい。なぜなら、スーツに変なシワが生まれ、見た目が悪くなってしまうからだ。せっかく体にフィットしたスーツであっても、それでは台無しである。さらに、物を出し入れしていれば、よけいなゴミがポケットに入ることになり、ブラシの手間が増えることになる。その場しのぎでポケットを使うことがあっても、基本的にはポケットは装飾と考えるべきである。

◎**準備するもの**

- シミ落とし：Dr. Beckmann（ドクターベックマン）「ステインデビルズ」「ステインペン」。
- 衣服ブラシ：大きめのカシミア用のブラシ。

・ハンガー（ジャケット用）：厚みのある木製。ジャケットの枚数分揃える。
・ハンガー（ズボン用）：クリップでズボンのすそを留めることができるもの。
・ファブリックミスト：THE LAUNDRESS（ザ・ランドレス）「ファブリックフレッシュ」、Millefiori（ミッレフィオーリ）「オーシャンウィンド」、もしくは花王「服のミスト」。
・当て布：古いハンカチなどコットン素材のものでいい。

▼毎日のお手入れ

「ブラッシング」「干す」「アイロン」「保管」という4つのプロセスからなる。

①ブラッシング

男性だとブラッシングの重要性に気づきにくいだろう。それは、短髪の人が多いからだ。僕がブラッシングの重要性に気がついたのは、家で飼っている犬のブラッシングをしているときだった。ブラッシングすると、体毛に光沢が生まれるのだ。騙されたと思って、まずは帰宅後にブラッシングする習慣を身につけてほしい。そうすれば、家に持ち込むゴミや花粉の量も減らすことができる。ブラシは高いものであれば、10〜20万円するものもある。ここまで高価なブラシを揃える必要はないものの、長い時間使用するものなので、ある程度の金額（1万円程度）は支払ってもいいのではないだろうか。

手順1　帰宅後すぐにジャケットを厚手のハンガーにかける。
手順2　スラックスやズボンはすそを上にして専用のハンガーに吊るす。
手順3　浴室や玄関など、汚れてもいい場所で下から上（逆目）にブラッシングする。歯ブラシの要領である。汚れをかき出すイメージを持つといいだろう。
手順4　ズボンのすそはダブルの糸留めになっていて、糸で2箇所留められているはずだ。そこはゴミが溜まりやすい場所なので、ブラッシングする。そうしてからすそを上にして、ハンガーに挟む。自重でシワを伸ばすため、足の中央に走るクリース（折り目）がずれないようにする。
手順5　次にジャケットを上から下（順目）に向けてブラッシングする。このとき、えりや肩には入念にブラシをかける。また、段差の生まれる場所、例えばボタン周りやラペル、ポケット周りも入念にやること。肘など、押しつぶされやすい箇所は、下から上に毛を立てることをイメージしてブラシをかける。
手順6　シワの程度によって、干す場所を変える。

なお、ブラシはできる限り高価なカシミア用を買い揃えたい。オーバーコート（カシミアなど）やタイ（シルク）の手入れにも使用できるからだ。通常、オーバーコートはホコリをはらい、1日陰干しすればクローゼットにしまっていい。オーバーコートは高いものだし、3年以上使うことになる。その意味でも、より繊細なブラシを使用することが望ましい。えりやそでが肌に触れるべきではないので、マフラーや手袋をするべきである。しかし、オーバーコートのえりやそでが肌に直接触れてしまうこともあるだろう。その場合は、ベンジンを布に染み込ませ、軽く叩いて拭き取っておくといい。

②干す

インナーに下着やシャツ、モモヒキを着用していたとしても、特に夏場は汗がスーツにまで達している可能性が高い。帰宅後ブラッシングを行なってから、すぐにクローゼットにしまうのは避けたい。干すという工程を入れることは、湿度対策に加えてシワ対策にもなる。クローゼットに入れる前にシワの状態を確認できるからである。シワの程度によって、次のように干す場所を変える。

・シワがほぼない：湿気を飛ばすことだけを考えればいいので、日陰干しでOK。半日から1日で十分である。
・シワが若干ある：ハンドスチーマーや霧吹きでシワの残る部分だけケアする。ある程度シワが伸びればいい。すぐに効果はないかもしれないが、湿気を与えることが目的。その後、1日から2日陰干しして様子を見る。たいていシワがなくなる。
・強いシワや臭いがある：特に飲み会などのあと、タバコや焼き物などの煙がスーツに染みつくことがある。この場合、お風呂のあとにスーツを浴室にかけておくと、シワも臭いもなくなる。翌朝、出勤前には浴室から出して、日陰干しをする。帰宅後には湿気の具合を見て、乾燥していることを確認してからクローゼットにしまう。

スチーマーや霧吹きをする場合、水道水ではなくファブリックミストを使ってニオイ対策をするという方法もある。

③アイロン

基本的にアイロンは使わない。どうしても使うなら、強いシワがあるときと、ズボンのクリースが薄くなったときだけである。クリースが完全になくなってしまった場合は、クリーニング店に持ち込んで相談するしかない。スチームでシワを伸ばすようにする。

ここでは、ズボンのクリース直しの手順を紹介する。

手順1　当て布をしてから、ズボンの内側と外側の縫い目を合わせる。

手順2　膝下／前をプレスする。こするのではなく、押しつけてクリースをつけるイメージ。

手順3　膝下／後ろをプレスする。

手順4　膝上／前をプレスする。

つまり、股上や膝上／後ろ、お尻のあたりはプレスしない。

ズボンプレッサーは昔使っていたが、アイロンのほうがきちんとクリースがつけられる。ズボンプレッサーで2重、3重になったクリースは目も当てられない。丁寧にクリースをつけることは、アイロンより難しいかもしれない。アイロンは使用するときに、いっしょにクリースをつけてしまったほうが効率的で安心できる。ズボンプレッサーは、きっちりと一度アイロンでクリースをつけたときに、クリースをより強く残すために使用することなどに限定したほうがいいだろう。

④保管

クローゼットに保管する場合、服と服の間隔を十分にとる。

デイリーユースしているジャケットは、1週間以内に着ることがわかっているので、不織布のケースを被せないままクローゼットにしまう。

ただし、長い期間着ないことがわかっていたりクリーニング店から戻ってきたばかりだったりする場合はホコリから守るために不織布を被せておく。なお、クリーニング店から戻ってきたときは、どのように保管されていたのかわからないので、家で再度「干す」手順を経て保管する。

ジャケットの場合、ハンガーとハンガーの間隔は、9〜10センチは欲しいところである。もしクローゼットに幅の制限があり、服がぎゅうぎゅうになるようなら、S字フックを使い、高さを変えるという手もある。段差をつけることで、かさばらなくなり、スペースを有効活用できる。こうすれば、ハンガーの間隔は6センチ程度に短縮することができる。

また、落ちないシミやしつこい臭いが残っていて、クリーニング店を頼る場合、スーツはジャケットとズボンと分けて出すべきではない。ウェストコートを含めひと揃いで出すようにする。生地の色と風合いをいっしょに（意図的に）劣化させていくためである。例えばズボンだけクリーニングに出していると、ジャケットとの生地の風合いが変わってしまう。同じタイミングでクリーニングに出すことを習慣とすべきである。

※雨に濡れた場合

靴でもなんでも同じだが、乾かすことを最優先にする。また、乾かす場合、型崩れを防ぐよう注意したほうがいい。濡れた新聞や雑誌が乾いてクシャっとなっているのを見たことがあるかもしれない。このような状態は避けたい。雨に濡れてしまったら、やることは2つだけだ。まず、ハンガーにジャケットをかける。そのうえで、タオルで押さえて水分を抜き取る。こすってしまうと、タオルの繊維がスーツに入り込んでしまう。水分の抜け具合が十分ではないと感じるなら、新しいタオルをハンガーにかけてから、その上にジャケットを被せて室内の風当たりのいいところに置く（その日は雨だろうから湿度は高いし、外には干せない。そういう場合でも、扇風機で風を送るという方法もある）。

column 2

スーツと金融商品

僕はスーツも金融商品も販売したことはない。

だが、買い手（ユーザー）として、この2つは共通点が多いと日頃から感じている。

まず、ユーザーに一定のリテラシー（知識と経験から生まれる知見）が求められるという点。

金融商品に関する知識がないなら、安易に「銀行口座へお金を預けておく」ということが唯一にして絶対の正解になる。さすがに現代において、預金が唯一のお金の運用方法だと主張する人が若い世代にいるとは思えない。しかし、その一方で「FXは怖いものだ」とか「先物はよくない」などというイメージを持っている人も多いだろう。そのとき考えてほしいのは、そう判断する明確な根拠があるかどうかだ。たいていの場合、単なるイメージでしかないのではないだろうか。恐怖は自分の「無知」から生まれてくるものだ。この単純な本質を頑なに認めたくない人は、なんとなく正しそうな意見にすがってしまう。

そう、「貯金が一番だ」というように。

スーツならば、「白シャツだったら問題ない」とか「タイを締めていれば問題ない」というような態度になるだろう。思考を停止し、なんとなく耳にした意見に同調してしまう。それが「リテラシーのなさを露呈している」にもかかわらず。

反対に、金融商品について勉強と失敗を積み重ねた人は、自分が投資できる金額、ライフステージに応じた投資方針もおぼろげながらも決めることができる。

スーツも同様である。現状を推し量れば、自分がスーツに求めるニーズを認識できる。どのような状況に着ていくスーツなのか、どういうふうに自分を演出するのかということから逆算して、いま必要なスーツを選び出すのだ。

また、販売員やフィッターはリスクテイカーではない。もちろん、彼らはプロであり、知識量や情報量で相談役だったり、指南役になることはあるだろう。ただし、いうまでもなく投資は「自己責任」で行うべきである。いわれたとおりに銘柄を選び、リターンを得たとしても、そのリターンには再現性はないし、リテラシーに結びつくこともない。損失は僕たちが背負うのである。得るものがない投資は浪費でしかない。負けたとしても、そこから学ぶにはユーザー側のリテラシーが求められるのである。

これをスーツに置き換えると、産地や生地の良し悪し、ディテールの意味合い、似合うか似合わないというような客観的な判断は、販売員やフィッターに任せられる。彼らの存在意義の1つだからだ。ただ、実際に装うことや手入れなど、商品が購入者の手に渡ったとたん責任も譲り受けることになる。だから、僕はこの本で装い方のルールと手入れを中心に解説している。これは、エンドユーザーの責任におおいにかかわることだし、リテラシーの根幹をなすことだからだ。

優れたフィッターや販売員の接客を受けても、購入者のリテラシーがなければ、スーツの完成度は簡単に50点以下になる。購入者と販売員はともに成果を生み出す関係が望ましい。ユーザーのリテラシーというものは自分自身で積み上げていくしかないのだ。

2つ目の共通点として、リターンを挙げられる。金融商品にはリスクがつきものだが、リターンもある。

一方、スーツはどうだろうか。スーツを手に入れること自体や着こなしを学ぶことにはリターンしかないようにも見える。一般的なリターンとしては、この本で主張しているとおり、無駄遣いをしないようになったとか服装が以前よりも整ってきたとかあるだろう。ただ、もう1つどうしても伝えたいリターンがある。それは、スーツや靴を好きな人たちの見解を理解し、それを取り入れることもできるという自由だ。当然といえば当然だが、知識がゼロであれば情報を理解することはできない。しかし、ほんの少しの知識（この本で網羅していること）があれば、雑誌や書籍、SNSで交わされる議論など、そうしたことが理解できるようになる。理解できれば、取捨選択は自分の判断にゆだねられる。このとき、主体性を取り戻したと認識できるようになるはずである。もちろん、トレンドが気になることもあるし、他人の目が気にならないといえば嘘になる。だが、その場合でも信念があるのとないのとではまるで違うのである。「制服」を着せられていたのでは得られない感覚だ。

自分が選択した「スタイル」を身にまとうという感覚を手に入れたら、スーツを着られる毎日は楽しくて仕方ないだろう。これが、努力や積み重ねをした者だけにもたらされるリターンではないだろうか。

とはいえ、身の丈を認識しなければ、それは見苦しく、最悪の場合、身を滅ぼす可能性があること。これが3つ目の共通点となる。

金融商品には（制限があるが）レバレッジをかけることができるものもある。これは儲けも大きくなるぶん、損失を生み出す可能性もある。身の丈（資産）に応じた投資をしないならば、早晩借り入れが膨らむことは目に見えている。

スーツも同様だ。いくら法人営業だからとか、富裕層と接するからといっても、自分が稼ぐ以上に資金を投じることは借り入れに頼るリスクをはらむことになる。何事も予算を立てて、計画的に取りかかる必要があるのだ。良い物を揃えて、自信を持って業務に取り組みたいという気持ちは理解できる。とはいえ、それは一朝一夕にできるものではない。仮にセンスと知識を瞬時に手に入れたとして、誤りのない買い物ができる能力を持っていたとしても、経済的な身の丈を度外視してまで一級品を買い揃える必要はないだろう。

焦ることはない。一歩ずつ着実に前に進めばいいのだ。お金の使い方も、借金をすることも各人の自由だが、社会人生活は何十年にも及ぶ長距離走なのだ。

偉そうにいろいろといっているが、本音をいえば、一度きりの人生なら、キザなこともしてみたい。男子に生まれたのであれば、カッコのつけ方を熟知しておきたい。知らないままでいたら、なんだか損した気分にならないだろうか。僕がスーツを学んだきっかけの1つでもある。

金融商品を勉強することにもいろいろと建前は考えられる。だが、本当はお金にお金を稼いでもらいたいという下心があるのだ。

映画『ウルフ・オブ・ウォールストリート』の主役のモデルにもなったジョーダン・ベルフォート（レオナルド・ディカプリオが演じている）は、「どんなにドラッグをやっていても自分よりアメリカ証券法に通じている者はいないという自負があった」（『ヤバすぎる成功法則』）と語っている。

４つ目の共通点として「ルールを学び、身につけること」が大切であるという点を挙げられるだろう。

そういった地道な努力はもしかしたら経済的な成功にもつながるのかもしれない。ベルフォートのように。

第3章 靴
SHOES

Rule 11

夕方以降で3つのサイズを

靴選びの前提

サイズが重要なことはシャツやスーツと同じだが、誰しも靴のサイズ違いほどストレスを感じることはないはずだ。

靴のサイズが小さいと痛みを伴うし、健康にも影響する。反対に大きすぎると、靴ずれを起こしやすくなる。だからこそ、自分の足にぴったり合う靴に巡り合えたときには、値段以上の感動を与えてくれるものなのだ。

ただ、いくらお金を投じても、残念ながら買ったその瞬間から完璧な靴になることはありえない。なぜなら、靴は自分で育てていくものだからだ。

そもそも購入するサイズを間違っていたのでは、あとで調整するのも難しい。服のように、お直しをするわけにはいかないのである。

まずは適切なサイズの靴を選ぶこと。そして、正しい手入れ方法で靴を育てていくこと。この2つの段階を経て、ようやく自分にとってベストなサイズの靴を手に入れることができる。

では、まず適切なサイズの靴を選ぶためにはどうしたらいいのだろうか。

これは基本的なことだが、足のサイズは時間によって変わることを知っておいてほしい。血流によってむくみが生じるからだ。

靴に小さな石ころが入っただけでも違和感があるのは誰しも経験したことがあるだろう。たとえ数ミリでも変化があれば、足はそれを察知できるのである。むくみは石ころと同様のストレスになる。

例えば一日中歩いたり、あるいは靴を脱がないまま仕事をしているだけで足がむくむことになる。だから、靴を購入するときは仕事が終わったあとの夕方以降がベストである。

ビジネスシューズは、縦方向のサイズと、横(ウィズ［Width］)の2つのサイズを考慮しないとならない。スニーカーのように縦方向のサイズだけで選んではならないし、自分の記憶しているサイズを過信しないことである。メーカーや木型によってサイズは異なるものであり、足を入れて選ぶというひと手間を省いてはならない。同じメーカーでも木型によってサイズは変わるので、同じメーカーを履いているからという理由で通販などで選ぶべきではない。どうしても通販を利用するときは木型が同じであることを確認しよう。

片足だけで判断するのもＮＧである。必ず両足で試着するべきだ。もし、足の臭いが気になるということであれば、替えの靴下（日頃利用するもの。厚みが異なるものを持っていっても意味がない）を持参し、履き替えるといい。むくんだ両足で靴を試着し、実際にフロアを歩き回り、フィット感を確かめること。たとえ最初に履いた靴がぴったりのサイズであっても、あと2足は試着してほしい。自分に合うサイズを見つけたら、その靴のひとつ小さいサイズとひとつ大きいサイズで試着して、違いを確かめること。ここまでやってから最終的に判断する。人の足のサイズは左右で異なるので、最低3足の試し履きは必要な作業だ。靴紐もしっかり結ぶこと。緩い状態で歩いたとしても、靴のフィット感を確かめることはできない。

スニーカーを合わせる感覚で足の指を前方に持っていき、かかとに指を入れて指１つ分余裕をもたせるサイジングは意味がない。むしろ、隙間があれば靴ずれが生じる原因となる。かかとに足を合わせて、隙間なくフィットしていることが正しいサイズである。横方向は、親指や小指が内側に折れ曲がっていないかを確認する。折れ曲がっていると歩行に支障をきたし、やがて健康にも影響する。

また、買ったあとにサイズが小さいと感じたときや、予想どおりに革が伸びず窮屈に感じる場合、リペアショップに相談するのが賢明だ。おそらく、０・５ミリに満たない数ミりの調整しかできないだろうが、やらないよりはマシだ。

購入時に「足の甲にぴったりと当たっていて、痛くなるかもしれない」というくらいでちょうどいい。後述するグッドイヤーの靴ならば靴底にコルクが敷いてあり、使用するうちに徐々に下に沈むようになっている。

だが、やはり靴はサイズのお直しができないと心得るべきである。だから慎重に選ぶようにしたい。

なお、日頃から靴を履くときには靴紐を緩め、靴べらを使うようにする。ショップで試着する場合も同様である。お客としての最低限のマナーであり、紳士でいるための習慣である。そうしないと、靴の寿命が短くなり、経済的な損失を被るのは自分たちなのだから。

最後に、靴を購入した当日は、帰宅してからさっそくケアをしてほしい。新品とはいえ、製造後、倉庫で保管されていたり、店頭に並んでいたりしたのだから、一定期間手入れがされていないと考えるのが妥当だからだ。なお、防水スプレー（シリコン系）は撥水層を作ることで雨から靴を守れるようになるが、スプレー跡ができてしまったり、磨いたあとの靴の輝きが失われることから避けるのが望ましい。ただし、過度な塗布をしないなら、雨の日にさっとスプレーしてもいいだろう。

なお、ベストサイズを手に入れるために必要な手入れの手順は章末で説明する。

靴の素材

Rule 12

革製、レザーソール

サイズの次は素材である。残念ながら合成皮革のことを革とはいわない。

スーツにスニーカーを合わせるスタイルが雑誌などで特集されているのを見かけることがある。有名な革靴メーカーもスニーカーを出している。だが、いくら高価で革製でもスニーカーはスニーカーである。接する人に敬意を示すには不十分だ。このようなカジュアル化がどの程度浸透するのかはわからないが、世界的に広く認められているわけではない。ビジネスに用いる靴は必ず革製であるべきだ。

すべての靴のソールが革であるべきだとまではいわないが、革のソールがクラッシックの証である。ゴム底は雨の日でも確かに滑りにくいので、雨用の靴も1足は持ちたいところだ。その場合はゴムソールも選択肢に入る。ただし、最初の2足には必要がない。靴を修理に出したり新しく靴を買ったりしたときに、ソールにゴムを貼ったほうが滑りにくくていいとアドバイスを受けるかもしれないが、明確な意図がないならこれは無視してもかまわない。そもそも、ゴムを貼るなら最初からラバーソールを買えばいいだけの話である。何より革は生き物である。その生き物にゴムを使い、窒息させたらどうなるか想像できるだろう。昔から使われてきたレザーソールは通気性がよく、匂いや水虫の予防にもなる。不定期に出くわす雨への対策を重視するのか、毎日靴を履けば避けることのできない汗の対策を重視するのか、どちらが合理的な判断かは誰にでもわかるだろう。

ただし、どうしても悪路を歩かなければならなかったり、営業の外回りでアスファルトの上を長時間歩いたりするというように、靴底が通常のオフィスワークよりも酷使されることがあらかじめわかっている場合は、前側半分にゴムソールを貼って靴底を守るという選択肢もありかもしれない。確かにグッドイヤーの靴は何度もソールを張り替えることが可能だが、そのつど靴にダメージを与えることになる。できる限りソールの張り替えを避ける工夫も必要だろう。

また、歩き方にもよるが、何度か靴を履いていると、つま先が上方向に反ることがある。その結果、コバを潰してしまう。コバは、靴の土踏まずよりも前方を縁取る細い帯状の革のうち、甲の部分（アッパー）よりも外側にはみ出た部分で、エッジとも呼ばれる。縫い合わせの部分で、デザイン的にも大切だが、アッパーの革を守る働きも担っている。

靴の部位名称

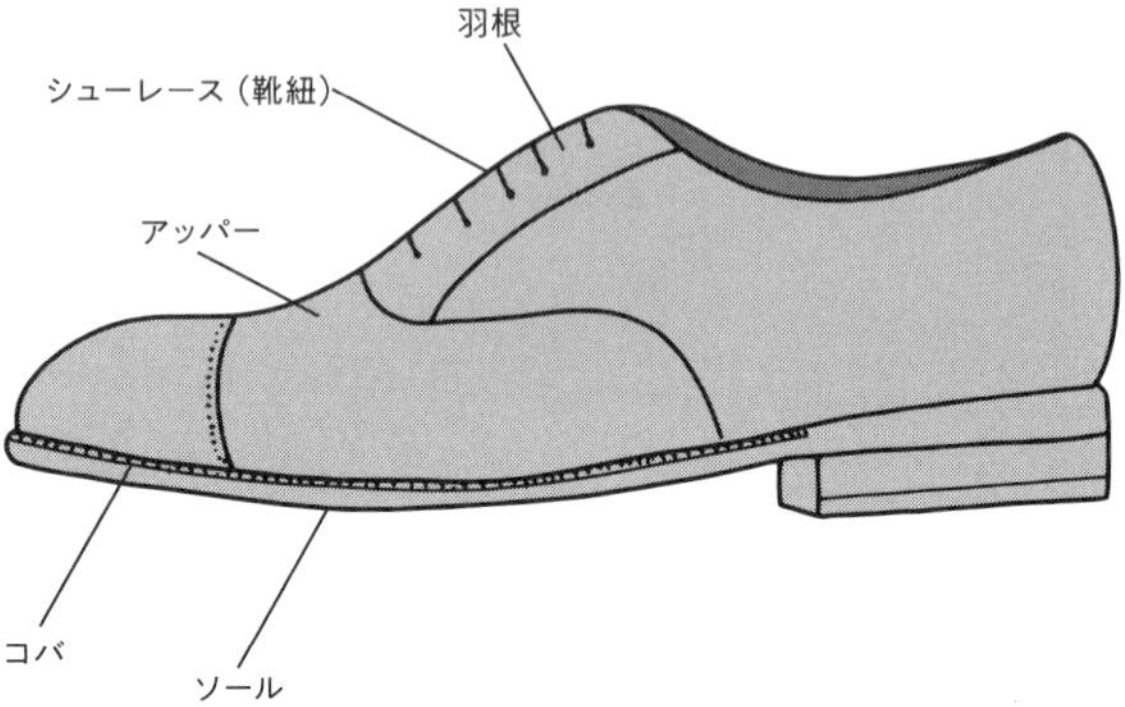

そのため、つま先にヴィンテージスチールと呼ばれる金具を取りつけて対応することも可能である。もし、カツカツという音が気になるようなら、ゴム製もあるので検討してみてはいかがだろうか。

靴もまたシチュエーションに合わせた選び方をするべきで、もちろんルールがある。着ることも仕事のうちと考えるならば、手抜きをしてはならない。多くの人がいうように、靴は人からよく見られている。ただ、この言葉は誤解を生むかもしれない。見ているといっても、何を見ているかが問題なのだ。

僕たち男性が女性の鞄の値段やブランドをよく知らないように、女性が男性の靴の良し悪しを見抜く可能性は低いだろう。いや、男性でも日頃から靴と向き合い、その特性を理解し、知識がないならば見る目はないはずである。

しかし、靴に通じている人はその靴を見てその人の生活に対する姿勢まで一瞬で見抜いてしまう。したがって、正確には準備を万全に整えたビジネスマンが靴を見ているのである。僕たちはそういう人に見られることを念頭に置かなければならない。

「Victory loves Preparation.（準備が勝利を招く）」のである。

Minimal 10

黒靴3足

茶靴は4足目以降で

靴好きであっても、品質のいいものを最小限持ち、末長く丁寧に使うという本書のコンセプトから外れるわけにはいかない。

やはり3足をまず揃えよう。

理由はスーツと同じである。靴にも休憩時間が必要であるし、修理などで時間が取られることを考えるなら、2足では心許ないからである。安い靴を3足買うよりは、高価な靴を1足買ったほうがいいというアドバイスもあるが、これは3足目以降を買う場合の考え方であって、本書で勧めるような靴をまだ持っていないなら、まずはできる限り早く3足を揃えることである。そうしないと、ローテーションすら組むことができない。高い靴を1足持っていても毎日履くこととなり、結果ほんの数年でダメにしてしまう。

では、最初の3足は何色を買えばいいのだろうか。答えは黒一択である。大きな理由としては、予算をできる限り減らせるからである。

まず、他の革製品との組み合わせで、黒だけなら品数が少なくて済む。

ご存知の方も多いだろうが、基本的に革製品、具体的には鞄や靴、ベルト、時計の革バンドは、同じ素材感や色で統一すべきなのだ。センスを磨くには、まずは色を統一すべきだというアドバイスがあるが、素材も最初から揃えたほうが得策である。

もし、茶の靴にトライするとなると、時計のバンドも鞄もベルトもそれに合わせないとならない。手入れ用のクリームやブラシも黒とは別に用意する必要がある。センスのいい日もあれば悪い日もあるというような不安定さはビジネスに持ち込まないほうがいい。この点を解決するために、鞄は異なる色を使うとしても、靴とベルトの色は揃えるべきである。ここは一日中脱ぐことや、外すことができないからだ。鞄や時計は、移動中は身につけないとならないが、社内にいれば外せるし、それほど目立たない部分である。

したがって、まずは靴とベルトは黒だけで統一したい。

次に、スーツとの組み合わせを考えてみよう。

「アズーロ・エ・マローネ」。イタリア語で青と茶を意味する定番の色の組み合わせだが、日本人が真似をすると若干軽い印象になってしまう。オシャレだし、確かに鉄板の組み合わせである。しかし、日本人には紺と黒が似合うし、少なくとも軽薄には見えないだろう。スーツ3着を紺とするならば、靴も黒3足をベースとしたい。

最後に、黒という色の汎用性の高さに触れておこう。

職場によっては茶色い靴がNGという業界はいまだにあるようだ。年配の方から茶は生意気だと感じているという声もごくまれに耳にする。イギリスでも、茶色の靴はビジネスシーンでタブーという声もあるらしい。ジョン・カーニー監督の映画『シング・ストリート』の舞台はダブリンで、校長先生が主人公の茶色の革靴を黒にするよう強制する場面がある。こうしたことを考えると、さまざまな年代や人種が集まるビジネスの環境下で色のことでリスクをおかす必要はない。

以上の理由から、ミニマルを志向するならば、黒の靴を3足となる。

そして、靴と長く付き合うために、靴のサイズに合った木製のシューキーパーを手に入れよう。靴にこれを必ず入れて保管するようにする。これはスーツと同じである。木製のシューキーパーは1日の汗を吸収し、形も維持してくれる。

理想的な靴の製法

Minimal 11

グッドイヤー

靴の話で、製法について語らないわけにはいかない。そして靴を選ぶ基準が、ただカッコいいからなのか、価格なのか、それとも耐久性まで考え抜いているのかどうかは、その靴の製法を見ればよくわかる。

ただ、シャツのえりの種類や違いをひとつひとつ取り上げて説明しなかったように、靴もまた最低限の（ミニマルな）知識だけを覚えるだけで十分だ。

ショップに行ったら、「グッドイヤー」（グッドイヤー・ウェルト製法、グッドイヤーウエルテッド）という単語だけを伝えればいい。そうすれば販売員の方はあなたに候補の靴をいくつか持ってきてくれるだろう。

マッケイやグッドイヤーなど、横文字の並ぶ製法は、甲と底の接合方法の違いによる。グッドイヤーであっても、機械で作られたものなら安価だし、手縫いならばそのぶん工賃がかかっているので高価になる。手縫いの高価な靴（10万円以上）を3足揃えるのはなかなか簡単な話ではない。靴はできる限り高いものがいいが、自分の身の丈を超える買い物はかえって自分を苦しめることになる。それよりは、今の自分に妥当と思える金額のものを手入れし長く使うことのほうが価値を生むだろう。その靴の価格よりも、その靴がどのように扱われているかで僕たちのビジネスに向かう姿勢が見て取れるからだ。

価格についてもう少し考えてみよう。輸入された靴には関税がかかっている。イギリスやイタリアの靴ならば、当然送料も加算されるし、中間業者のマージンも日本の靴メーカーの製品よりも多くかかっているだろう。

日本メーカーも近年良質なグッドイヤーの靴を製造しているので、選択肢の1つになりえるだろう。そうなれば、「スコッチグレイン」や「三陽山長」などの日本メーカーなら3万円台からグッドイヤーの靴を入手することができる。

さて、グッドイヤーの製法には、大きく2つのメリットがある。

- ソールの張り替えが複数回可能であること。イタリアの靴に多く使われているマッケイ製法が悪いわけではない。グッドイヤーのほうがソール交換の回数が多いというだけの話。4足目以降か、数時間室内履きとしてデザイン重視のマッケイ製法はありだが、日常使いするとなるとグッドイヤーに軍配があがる。

・底の隙間の詰め物が多いので、履いていくうちに詰め物が沈み込み、足の形に馴染んでくる。最初は窮屈で辛いと感じるかもしれない。でも、安心してほしい。次第にソールが沈むので甲への圧迫感は減っていく。そして、やがて自分の体の一部になったような感覚を手に入れることができる。逆にいうと購入時に大きめだと感じる靴があなたの足にフィットすることは一生ない。

これは男性だけではなく、女性にも知ってもらいたいことだが、いくら経済的に恵まれていない状況だとしても、靴であれば一流品や本物に手が届くし、支払うだけの価値がある。時計であれば一流品は数十万からは数千万円はする。車も同様だ。だが、革靴であれば、15万円も出せばハイエンドのものが手に入るのである。そして、1万円と15万円の靴とでは、アッパーの革の持続力や履き心地の面で格段の差が出る。1万円の靴を毎年履き替えるよりは、5万円の靴を5年間大切に使うことのほうが同じコストでも価値がまるで違うのである。

仮にスーツと靴で合わせて8万円の予算とするならば、スーツに6万円、靴に2万円と割り振るのは賢明ではない。靴に5万円、スーツに3万円とすべきである。そのほうが雰囲気が出て見栄えがする。その逆であれば演出はかなり難しくなるだろう。

スーツスタイルに馴染んでいる人でも、スーツの価格を瞬間的に見抜くことは難しいが、靴の価格を見抜くのはさほど難しくはないのだ。

靴には少し背伸びをする。この姿勢には大いに賛成だ。もっとも、スーツも良質なものに触れ、生地や仕立ての違いを体感しておくこともいい。ただし、どちらか1つを選べと聞かれれば、やはり靴を推したい。

Classic 10

靴のデザイン

ストレートチップと他2足

靴はスーツスタイルの要《かなめ》である。

学生時代にはどれも同じに見えた革靴のデザインには多くの種類があり、ルールがある。靴というものは長ければ一生、短くても数年はいっしょに過ごすことになる。どのようなシチュエーションで、どういうスーツやシャツと合わせるのか、靴のデザインを絞ってから買い物に行くといいだろう。ここでは、デザインを絞るための情報を確認することにしよう。

ビジネスシューズは紐を用いていることが大前提である。

紐ではなく、バンドで留めるモンクストラップに限りビジネスでも対応できるが、バンドで留めるということは、金具を用いることである。だが、せっかく天然素材にこだわって（シャツはコットン、スーツはウール、靴は牛革）、スーツスタイルを創り上げてきたにもかかわらず、金具という天然素材ではないものを取り入れては元も子もない。潔く最初の選択肢からは外そう。紐を緩めて足を出し入れするという動作にはダンディズムを感じてほしい。

甲の部分にタッセルという飾りのあるタッセルローファーは見た目も美しい。ただし、スーツに多く用いられる梳毛《そもう》糸と合わせることは意図されていない。製法やデザインによってはフォーマルにも利用できるものもあるが、ローファーと名のつくものは「怠け者」を意味した靴だという見解もあり、あえて最初の段階で選ぶこともないだろう。個人的には、紐がないぶんサイズ合わせが難しい靴で「怠け者」だと適切なサイズは選べないとも思う。

さて、靴のデザインに関するルールはそれほど複雑ではない。フォーマル度で考えてみよう。

ストレートチップ

◎飾りが多いほどフォーマル度は下がる。

ストレートチップ⬇セミブローグ⬇フルブローグ

ストレートチップ：甲のつま先部分に横一文字の縫い目が施されている。

セミブローグ：ストレートチップの縫い目に、ブローギング（穴飾り）を施し、加えて爪先にメダリオン（花状の穴飾り）がつく。

フルブローグ：セミブローグのようにブローギングやメダリオンがあり、かつ、つま先にW字の切り返しがある。

セミブローグ

◎色は濃いほうがフォーマル度は高い。
黒➡茶➡その他
◎表面の素材によってフォーマル度は変化する。
スムースレザー（表革）➡スウェード

スムースレザー：その名前のとおり、表面が滑らかな革。革の表面を利用している。

スウェード：革の内側をサンドペーパーなどで起毛させて、利用している。

したがって、フォーマルな場にフルブローグや茶、スウェードの靴を選択することはルール違反であり、マナー違反にもなりかねない。黒の（内羽根の）ストレートチップを1

フルブローグ

足目に買うべきだと多くの人がアドバイスするのは、それがフォーマルでありつつも、日常使いもできるという汎用性の高さに理由がある。

また、ビジネスシューズはその形から、内羽根式と外羽根式に分類されるが、まずは内羽根を選ぶべきである。外羽根が間違っているわけではないが、形状や色という目に見える部分を変えてカジュアルさを演出するより、素材（表革をスウェードに置き換えるなど）を変えることによってカジュアルダウンさせるほうが粋である。外羽根のほうがスポーティな印象を与え、着脱が簡易となるので、営業職で外回りや接待が多いなら、外羽根も選択肢に入るが、最初の3足は内羽根で何も問題はない。

それでは、最初の3足を揃える場合の靴のデザインを考えていこう。検討するのは以下の4つである。

1 ストレートチップ：あらゆる場面に使え、フォーマル度も高い。最初の一足として必ず選びたい。

2 クウォーターブローグかセミブローグ：ストレートチップの横一文字の部分に、丸い飾りをあしらったもの。メダリオンはあってもなくてもいい。

3 プレイントゥ（外羽根が多い）：甲に何もないプレーンなもの。内羽根もあるが、外羽根が多い。間違いではないものの、シンプルすぎて、靴そのものの素材感やスーツが目立ったりしてしまう。上級者のための靴である。

4 フルブローグ：W字上に飾りが入っている。フォーマルには使えないものの、通常のビジネスシーンでは問題なく使える。

以上の説明から想像できるように、プレイントゥを外すと、持つべき最初の3足は、内

内羽根（左）と外羽根（右）

羽根で、ストレートチップ、クウォーターブローグ、セミブローグ、フルブローグとなる。プレイントゥを選択し、フルブローグを選択肢から外す、という考え方でも問題はない。また、フルブローグは華やかすぎてカジュアルに寄るという考えに立つならば、スリーピースのスーツとは合わせないほうがいいし、ジャケパンのスタイルのほうがしっくりくるだろう。もし、職場が服装に保守的で、スーツ3着を着回すという考え方ならば、ストレートチップ1足、クウォーターブローグとセミブローグを1足ずついい。スーツ1着、ジャケット2枚ならば、ストレートチップ1足、フルブローグ2足としてもいい。

　3足のうち、1足はラバーソールを用意しておきたい。そこでオススメなのは内羽根のスウェードである。スウェードはその素材感から秋冬用だと思われるかもしれないが、世界的には通年で利用されている。また、スウェードは雨に強い素材で、手入れも簡単である。いっそのこと、ラバーソールにして、雨用にするのもいい。これは正しい選択である。

Rule 13

靴紐はパラレル

ささやかな楽しみとしての靴紐

靴紐の穴は5個以上がクラッシックであり、流行の影響を受けない。

ビジネスシューズの場合、靴紐の通し方はシングルかパラレルかのどちらかを選択する。紐の通し方ひとつとっても、カジュアルなスニーカーとは区別しておくべきだ。表に見える紐の形状は、シングルでもパラレルでも同じだが、着脱を考えれば、パラレルのほうがいい。

また、靴紐は少しでもほころんできたら買い換えるべきだ。けっして高いものではないし、平紐と丸紐で靴の表情も変わるので、ささやかな楽しみにしてもいいかもしれない。

また、紐はコットンの素材にロウを染み込ませたもの（ロウ引き）が一般的である。ただ、この状態のままでは表面が滑るため、ほどけやすくなってしまう。それを防ぐためにさらに蜜蝋《みつろう》を塗ったものもある。ロウ引きと比較すればベタつきを感じるが、耐久性とほどけにくさからも多少値段が上がっても検討に値するだろう。

紐が長すぎると、いくらいい靴でもだらしなく見えるので問題である。適切な長さを選ぶ必要がある。使用後の靴紐を見ると、購入時よりたいてい伸びている。靴を購入した段階で、一度手入れをすることを勧めたが、その際、靴紐の長さも測っておくといい。スペアも買っておくのがベストだ。靴のオーダーは高価だが、靴紐なら安価である。

もし、外羽根の靴を選択したのであれば、オーバーラップで通すのもいいが、あくまでカジュアルになることを認識したうえでやるべきだ（僕は外羽根を持っていないし、仮に買ったとしてもそれはやらないが）。

靴の寿命とお手入れ

Classic 11

鈍く光らせるように

靴箱もクローゼットと同様に、中の環境は1年を通じてできる限り一定に保つ必要がある。そのため、週に1度は換気したほうがいい。また、湿度を一定に保つために、除湿剤はこまめに交換すべきである。なお、靴の下には新聞紙を敷くといい。

靴同士が重ならないようにスペースにも注意したい。そうなると、持てる靴の数も自ずと決まってくる。履かない靴はスペース維持のためにも処分すべきである。

◎**準備するもの**

- 除湿剤：エステー「ドライペット下駄箱用」1個を2カ月ごとに交換。
- 新聞紙：ソール部分の湿気に配慮するために、靴底が触れる部分には新聞紙を敷いておく。除湿剤を交換するタイミングで新聞紙も交換するといいだろう。

靴は他のアイテムとは違って時間や使用頻度とともに劣化しにくい。むしろ、靴が次第に自分の体の一部のようになっていくのは誰しも経験したことがあるだろう。野球のグローブと同じで、使用しながら、適度な手入れをして自分の身体になじませていく。グッドイヤーならば中にコルクが敷き詰められている。時間の経過とともに、このコルクが沈んでいき、次第に足にフィットする。最初のうちは甲が圧迫され、痛くなることもあるかもしれないが、最初から完璧なグローブがないように、完璧な靴もないのだ。靴は時間をかけて創り上げるものだといえる。

また、真新しい革靴はなんとなく目立つし、製造後どれだけの期間ケアされていないかもわからない。そのため、購入後に入念なケアをしたほうがいい。革製品と同じである。一度たっぷりと油分を加えて、本来の状態に近づけるのだ。

なお、グッドイヤーを選んでいるなら、アッパーの革にひび割れがない限り何年でも履くことができる。ソールは張り替え可能だからだ。ただし、中底の痛みがひどいというような場合は、修理を断られることもあるが、やはり丁寧に使えば、長持ちする靴になることは間違いない。

美観にも関わるが、アッパーにひび割れができると、修復は難しく、いくらソールが良好な状態でも、引退させざるをえないだろう。

それと、靴を履くときには必ず靴紐を緩め、靴べらを使うことが大事だ。かかとを潰してしまうと、靴が死んでしまう。できれば靴べらは常に持ち歩くようにしたい。面倒でも靴を履くたびに靴紐を丁寧に結ぶべきだし、履いていないときは必ず緩めるようにする。そうしないと余分なところにテンションがかかり、靴もシューレースも傷んでしまうからだ。長く美しく靴を履くためには、この2つの習慣は絶対に外せない。

靴のケアの頻度は4~5回履いたら1度入念な手入れをするくらいでいい。もし、デイリーユースの靴が5足以上あり、1週間に1度しか履かないのであれば、月に1度入念な手入れをすればいいことになる。あるいは3足を履き回すならば、2週間に1度の入念な手入れが必要となる。

手入れについては、表革（スムースレザー）とスウェードで分けて見ていく。

▼毎日のお手入れ

「ブラッシングとソールへの油さし」「乾燥」「クロスでの拭き取り」「シューツリーを入れて保管」という4つのプロセスからなる。

◎準備するもの

- 馬毛ブラシ：これで全体の汚れを取る。安価なものでいい。
- ナイロンと真鍮のブラシ：SAPHIR（サフィール）
- 栄養ミスト：コロンブス「ヌバックスエード栄養ミスト」（無色を意味するニュートラル）
- ソールのオイル：コロンブス「レザーソールリキッド」
- クロス：古いハンカチもしくは、M・MOWBRAY（エム・モゥブレィ）「ポリッシングコットン」やグローブクロスを使用する（靴の色によって、変えること）。

・消臭：M・MOWBRAY「ナチュラルフレッシュナー」

・シューツリー：木製（シダやブナなど）でバネ棒のものではないもの。バネ式でサイズにあったものにする。バネ棒やサイズの合わないシューツリーは靴のサイズを変えたり、よけいなテンションをかけたりしてひび割れの原因になる。形をキープすること、湿気を取ることという2つの目的を忘れさえしなければ、2本のバネ式、木製という結論にたどりつくだろう。

◎ケアグッズのブランドについて

コロニル、サフィール、M・MOWBRAY、ブートブラックというように多くのケアグッズのブランドがある。好みで選んでいいだろう。

ただ、基本的に僕がM・MOWBRAYを好んで使っているのは、ツヤが出すぎない点に尽きる。革製品はあまりピカピカしすぎないほうが上品だと考えているので、このブランドが最適である。また、同ブランドはケアグッズの商品カテゴリの広さと、多くの販売店で取り扱いがあるというメリットも選択理由だ。

①ブラッシングとソールへの油さし

基本的な手入れはスーツやその他のものと同じである。まずは汚れを落とすこと。とくに、コバの部分には汚れが溜まりやすいので注意が必要だ。

スウェードの場合は、一度毛の流れとは反対方向に汚れをかき出すようにしてブラシをかける。汚れを取ったあとに、栄養ミストを吹きかけるといい。最後に、流れはどちらでも好みでいいが、一方向にブラッシングをする。毛を立てるかどうかで表情に違いが生まれる。

また、ここではレザーソールを基本としているので、ソールにもブラシをかける。そのうえで、レザーソール専用の油分を足しておく。玄関の段差などを使って、ソールにも空気が通るように翌日までかかとを浮かせて置いておくのがベスト。

最後に足の臭いが気になる場合、この段階で消臭ミストなどをインソールに吹きかけておくといい。

②乾燥

なお、ブラッシングとソールの手入れをした段階では、シューツリーは入れないでおく。まずは、インソールに付着した汗や水気をできる限り飛ばすことを優先させるからだ。翌日の帰宅時まで乾燥させる。つまり1日を目安とする。

③クロスでの拭き取り

乾燥後、クロスで〝の〟の字を描くようにして簡単に拭き取っておく。強くこするようにしても問題はない。ただ、光らせすぎないようにすること。あくまで一定の光沢を保つことが目的である。スウェードの場合、このプロセスはない。

④シューツリーを入れて保管

プロセスの最後にシューツリーを差し込む。その後、靴箱に収納する。

以上からわかるように、スウェードのほうが手入れは簡単である。日本ではスウェードに関する誤解が2つあるようなので指摘しておこう。1つは、雨に弱いと思われがちであること。実際は逆で雨に強い。2つ目は、冬用の素材だと思われていること。世界の共通認識として1年を通じてスウェードを履いて何も問題はない。

したがって、僕はカジュアルな服装のときの靴はすべてスウェードとしている。雨の日もスウェードを履くので、ラバーソールとしている。

▼入念なケア：表革（スムースレザー）

「毎日のお手入れ」に乳化クリームを加える手間が増える。日頃「毎日のお手入れ」をしている前提で、次のプロセスを行うこと。

「靴紐を外す」「馬毛でのブラッシング」「リムーバーを使う」「乳化クリームを加える」「待つ（コバの手入れ）」「磨く」「靴紐を通す」「保管する」という工程である。

◎準備するもの

- リムーバー：M・MOWBRAY「ステインリムーバー」
- 布切れ：ハンカチやTシャツを代用してもいい。もしくは、M・MOWBRAYの「ステインリムーバー専用クロス」というのもある。
- 乳化クリーム：M・MOWBRAY「シュークリーム」（靴の色と同じもの）
- 乳化クリームをつける小さいブラシ：ペネトレイトブラシ
- コバの手入れ：M・MOWBRAY「ウェルトクリーム」
- 乳化クリームを広げるブラシ：豚毛。安価なものでいい。ただし、靴の色ごとに交換すること。

・クロス：古いハンカチもしくは、M・MOWBRAY「ポリッシングコットン」や「グローブクロス」（靴の色によって、変えること）。
・光沢用のクロス：ストッキング（古いものでよい）。

なお、靴の入念な手入れをする場合は、玄関などの暗くなりがちな場所は避けたほうがいい。小さなホコリや傷などに適切に対処する必要があるので、リビングなど明るい照明の下でやるべきだ。また作業をするときには新聞紙を敷くといい。

①靴紐を外す

必ず靴紐は外すこと。その際、靴紐が傷んでないかどうかを確認する。ホーズ（靴下）同様に、色落ちや劣化が確認できれば、靴紐を変える必要がある。ただし、内羽根式の靴の場合、最後の列まで紐を外してしまうと、通す際に靴を曲げるなどして傷つけてしまうおそれがある。つま先側の一列だけは通したままでいい。

また、「入念な手入れ」の間は、ずっとシューツリーを入れたままにしておく。部分的に乳化クリームを行きわたらせる際にはもちろん外してもいい。

②馬毛でのブラッシング

汚れを取ることが目的なので、「毎日のお手入れ」と同じようにやればいい。日頃から手入れをしていれば、このプロセスは省いても問題ない。

③リムーバーを使う

革の手入れは肌の手入れに似ている。男性には馴染みがないだろうが、化粧（油分）を落とさないと洗顔はできない。女性ならクレンジングが重要であることはおわかりだろう。まず、適切に油を全体に行きわたらせるためにも、必ずこのプロセスを入れるようにする。

布切れにステインリムーバーを染み込ませて、靴の表面をくまなく拭き取る。こうして古くなった乳化クリームなどを除去して、〝すっぴん〟状態を作り出すのだ。

④乳化クリームを加える

ペネトレイトブラシを使って靴全体にまんべんなく乳化クリームを塗り込む。指を使ってもいいが、靴紐を通す場所やステッチの隙間など、指だけではムラが生まれる可能性もあるため、ブラシを使うことをオススメする。肌の手入れでいうと、化粧水や美容液、乳液をコットンでなじませるイメージだ。

⑤待つ（コバの手入れ）

最低でも乳化クリームを塗ってから30分後に豚毛ブラシで全体に浸透するようにブラシをかけて浸透させるようにする。さらに30分、計1時間程度はそのまま放置しておく。

このときに、コバ、特に側面をチェックしてほしい。もし、色剝げがあったりするようなら、ウェルトクリームを付属のブラシで塗っておく。補色効果だけではなく、耐久性も高まるため、2カ月に1回など定期的に行なったほうがいい。

⑥磨く

手順1　まず乳化クリームを落とすために、豚毛のブラシで強くこする。特にコバの部分は入念にして、次の手順のクロスで拭き取らなくてもいいようにする。クロスの繊維がついてしまうので、ブラシで終わらせるようにしたい。

手順2　さらにクロスで磨く。この際、〝の〟の字を描くようにする。

手順3　少し光沢が欲しい場合は、ストッキング（細かい繊維）で磨くといい。

⑦靴紐を通す

靴紐をパラレルで通す。

⑧保管する

シューツリーを再度差し込み、靴箱で保管する。

ここで2つの注意点がある。ワックスと防水スプレーに関してである。ピカピカにつま先を光らせることがカッコいいので、ワックス（例えば、M・MOWBRAY「ハイシャインポリッシュ」）を推奨するような解説を見かけることがある。各人の美的センスにもよるが、個人的にはさりげなく鈍く光るくらいがビジネスシーンでは好ましいと考えている。

ただし、光沢がまったくないのも気になるのであれば、ストッキングを使いつつ1、2滴水を垂らしながら、〝の〟の字を描くように磨くといい。適切に管理されていれば、十分に光沢は生まれるはずである。

次に防水スプレー。シリコン系の防水スプレーを使用する場合は基本的に表革には使用しないこと。まず、革が生きていることを忘れてはならない。この防水スプレーをかけることは革を窒息させることになりかねないのだ。その意味では、ワックスも同じである。ワックスも表面に膜を作ることを意図しているので、どちらもいただけないと個人的に感じる。

また、スプレーを近づけすぎると霧状態にはならず、色ムラができるおそれがある。せっかく均等に磨いたのにもかかわらず、これでは再び磨かないとならなくなる。合理的ではない。

ただし、防水スプレーを使用することがないわけではない。それは、雨が降っている際、スウェードを履く場合である。そのようなときは、帰宅してから、いつも以上にブラシをかけてほしい。防水スプレーの影響を極力減らしたいからだ。この場合、シリコン系ではなく、フッ素系の防水スプレーを選択してほしい。

▼入念なケア：スウェード

前出の「毎日のお手入れ」に、補色クリームを加える手間が増える。日頃「毎日のお手入れ」をしている前提で、次のプロセスを行うこと。

「靴紐を外す」「ブラッシング」「汚れの管理」「補色クリームを加える」「コバの手入れ」「靴紐を通す」「保管する」という工程である。

◎準備するもの

- コバの手入れ：M・MOWBRAY「ウェルトクリーム」

・ナイロンと真鍮のブラシ：SAPHIR「スエードブラシ」
・クレープブラシ：ゴムのスウェード専用のブラシ
・ライター：毛羽立ちを直す。
・消しゴム、耐水性のサンドペーパー280番手
・補色クリーム：FAMACO（ファマコ）「スエードカラーダイムリキッド」（靴の色の分だけ揃えておく）

①靴紐を外す

必ず靴紐は外し、シューツリーを入れておくこと。

②ブラッシング

流れに逆らうようにして、ブラッシングをして汚れを出す。

③汚れの管理

毛羽立ちがある、毛が立っていない、汚れがある、という場合、一部分が変色しているように見えてしまう。

・毛羽立ちがある：その部分をライターであぶる。
・毛が立っていない：ブラシで何度もこする。
・汚れがある：**クレープブラシ⬇消しゴム⬇サンドペーパー**の順でこする。こすりすぎると色がはげてしまうので、注意すること。

④補色クリームを加える

汚れを再度落とすことを目的としてブラッシングをする。そのうえで、補色クリームをすり込む。リキッドタイプの場合、やりすぎると毛が寝てしまうため注意してほしい。その意味では、スプレータイプも選択肢に加えていい。リキッドタイプは、ポイントで色の補修ができるのがメリットである。スプレーだとコントロールが難しくなってしまうが、これは好みで決めていい。

⑤コバの手入れ

表革同様に、コバの手入れをしておく。

⑥靴紐を通す

表革同様に、靴紐をパラレルで通す。

⑦保管する

靴箱にて保管する。

最後によく聞かれる疑問に答えておきたい。

◎靴が濡れた場合

突然降った雨や水たまりなどで意図せず靴が濡れてしまうことがある。その場合の対処方法は次のとおりである。あれこれ対策するのではなく、まず乾かすことが先決である。そのうえで、通常の手入れを行えばいい。

手順1　新聞紙を丸めて靴の中に入れる。この場合、詰めすぎないようにすること。靴の形が変わってしまうおそれがあるからだ。あくまで新聞紙に吸水させることが目的である。

手順2　2時間程度置いたら、新聞紙を入れ替えて一晩寝かせる。
手順3　「毎日のお手入れ」を実践する。

◎靴のかかと修理とソールの交換について

かかとは2層に分かれている。底から数えて1層目がすり切れ、2層目に達する前に修理するようにする。

オールソールは、ソールが薄くなり親指で押したときにペコペコと容易に歪むようになったら交換する。もしくは、穴があいたタイミングで交換する。オールソールの場合、修理に1カ月程度かかると考えたほうがいい。

歩き方にもよるが、僕の場合はグッドイヤーの靴を履くと、つま先が潰れて変形してしまう。変形がひどかったり、つま先が割れてしまうことになると、ソールの張り替えができなくなる恐れもある。それを避けるために、つま先にスチールを施している。たいていの場合はスチールかゴムかを選択できる。耐久性の点で、スチールを選んでいるものの、ゴムだと目立たないし、雨でも滑らないというメリットがある。どちらにするかは個人の好みである。

◎出張に持っていく靴

海外出張の場合などは3足用意するのが理想ではある。しかし、スーツケースの容量の問題で難しい。かといって1足だと靴にダメージを与えるし、TPOを考えても避けたほうがいい。結果、2足となるが、何を選択するかは迷うかもしれない。

僕は、黒の表革ストレートチップとブラウンのスウェードのチャッカブーツにしている。黒の表革ストレートチップはフォーマルであり、昼でも夜でも使用できる万能選手だ。一方で、ジャケパンスタイルやタイを外すことを考えると、カジュアルダウンの靴も必要となる。

そこで活躍するのがスウェードのチャッカブーツである。当然ラバーソールであり、雨にも対応できる。何よりも手入れが簡単なことは大きなメリットだ。さらに旅先にシューケアグッズすべてを持っていくことは現実的ではないとはいえ、クロスとナイロンの真鍮のブラシ、ソールのオイル、栄養ミストは準備しておきたい。

◎靴の内側のケア

靴の内側に関する問題は大きく分けて2つある。まず、内側も革でできているため、手入れが必要なのではないかという疑問。汗にさらされ、湿気も多いはずだ。土汚れなどの心配は少ないものの、確かに革なのだから、何かしらの対応は必要だろう。革小物で用いる無色の乳化クリームを2～3カ月に1度は塗布するといい。このとき、きっちり拭き取っておかないと革の色がホーズに移ってしまうので、よく乾かしてほしい。これで、ライナー（内側の革）がほころびることもなくなる。

もう1つは、臭いの問題。よく知られるように、汗自体が臭いを発生しているのではなく、ホコリなどのゴミと汗の湿気が相まって雑菌が繁殖することで臭いが発生する。ならば、乾燥に加えて、菌を殺してしまえばよいことに気がつくだろう。月1回の入念なケアの際、消毒用エタノールを布につけて靴の内側を拭き取るといい。また、ホーズを履く前に、資生堂「エージープラス　フットスプレーF」をスプレーすると、足の汗を抑えてくれる。

column 3

匂いについて

清潔感を出す1つのポイントである「匂い」について取り上げてみたい。

どれだけ見た目がパーフェクトであっても、臭い男は異性のみならず、同性からも距離をおかれるはずだ。最近では「スメハラ」という言葉が広まっているので、対策を講じている方もいるだろう。ただ、厄介なのは「ケアのしすぎ」で「匂い」すぎるという点である。本人はよかれと思ってやっているのだから、周囲もよけいに注意しにくい。

まず、毎日入浴し、体や髪、顔を洗っているのが大前提となる。もし、これをしていないならば、スーツをオーダーするとか、ディテールにこだわるとか、靴磨きをするという習慣を身につける以前の問題である。

できれば湯船につかってほしいが、時間的に難しければシャワーくらいは浴びて体をきれいにしてほしい。

次に、口臭である。喫煙者やコーヒーを頻繁に飲む人、鼻炎の人は注意したほうがいい。

喫煙者の場合は、タバコを吸うたびに歯磨きはできないだろうが、ミントを噛むというような工夫はできるだろう。また、食事のあとは歯磨きするのを習慣としたいが、昼食後は難しいという場合もあるだろう。そういう場合、マウスウォッシュなどで最低限のケアをしつつ、夜には歯間ブラシも利用して、悪臭の元となる食べカスを取り除いたほうがいい。

保険適用外であるがPMTC(専門的機械的歯面清掃)を検討してみてはいかがだろうか。1回に1万円程度、所要時間は1時間程度かかる。これは、特別な機器を使い、歯磨きでは落とせない磨き残しや沈殿物を清掃する処置で、虫歯や歯周病の予防にもなる。PMTCとホワイトニングを受ければ、歯の白さも保てる。

最後に香水について触れておきたい。香水といえば、シャネルやグッチというようなラグジュアリーブランドが出しているものを真っ先に思い浮かべることだろう。ただし、価格も安くはなく、匂いが強いので、初心者にはハードルが高いかもしれない。そういう場合には、ジョーマローン、ロクシタン、ニールズヤードというような化粧品やバス用品を扱っているブランドに目を向けてはいかがだろう。ナチュラルな香りが多く、万人受けする可能性は高い。つけるならば、腰や膝の裏にワンプッシュ。もしくは、自分の頭前方にワンプッシュし、その下をくぐるようにするといい。映画なんかでも見かけるように、手首や首につけると、香水の印象が強くなってしまいがちである。間違いではないが、もっと分量を減らしてもいい。ワンプッシュでも多すぎるくらいだ。

もっとも、個人的に香水は好きだが、マストアイテムだとは思っていない。では、僕の場合どうしているか。下着をつける前に手首で腰にこすりつけておく。その場合、シャツで隠れる部分（時計よりも上）を使うようにしている。量は半プッシュ。脱げば匂いがするが、ふだんはそれほど外には漏れない。大切な人に印象づけるために使うのである。

第4章 小物
ACCESSORIES

Minimal 12

タイは4本

タイは多くはいらない

タイやVゾーンの組み合わせに関する特集は1年中さまざまな雑誌や本で取り上げられている。まるでスーツスタイルの主役はタイだと錯覚するほどの情報量である。「タイでオシャレを表現する」と日本では認識されているのだろう。

だが、タイはスパイスにすぎない。

まず、礼節やTPOをわきまえてスーツと靴を選び、シャツをコーディネートし、そのうえで、最後にどのようなメッセージを付け加えるかでタイの素材、色や柄を決めることになる。タイから先に決めて、あとでスーツや靴を選ぶのではない。それはまるでスパイスを選んだあとに料理を作るようなものである。

ただし、スパイスを間違えると、料理がまずくなるように、スーツに誤ったタイを選択をすれば、せっかく積み重ねたスタイルは一気に台無しになってしまう。

それにタイは他のアイテムに比べれば安価である。

タイを多く持っていれば着こなしのバリエーションが増えるというチープな考えが頭をよぎるかもしれない。しかし、タイはあくまでも身につける装飾品である。着るものではないのだ。タイと「着こなす」という動詞は結びつかない。

つまり、タイは主役ではない。

タイの本数はできるだけ少なくして、スーツや靴のコーディネートを変えて着こなしを作っていくものなのだ。だから、シャツを1枚買ったら、タイを3つ買いましょうと勧めるようなスタイリストの言葉を信じてはならない。

では、具体的に何本必要なのだろうか。

スーツと同じく3本だといいきりたいが、組み合わせを考えると、もう少し多く持っておく必要がある。

さすがに毎日同じタイとスーツ、靴の組み合わせというのも野暮ったく見えてしまう。

したがって、ほんの少しだけ妥協して、最低限必要な本数は4本であるというのが結論だ。

Classic 12

シルクで柄は無地、ドット、小紋、ストライプ

柄も少なく

タイの長さは145センチ以上は必要である。それ以下だと、結んだあとに小剣だけ異様に短くなってしまい、どうしても安っぽく見えてしまう。

昭和53年から54年生まれの人の平均身長は171センチ程度である。これを基準に考えると、プレーンノットで若干長め、ダブルノット（ノット：結び目については後述）でちょうどいい長さが150センチほどになるはずだ。160センチだと長い人もいるだろう。これは実際に結んでみるしかないが、店舗では実際にタイを結ぶことはNGなこともあるため、事前に手持ちのタイで自分の適切な長さを把握しておかなければならない。

タイの幅もさまざまである。他人のタイを見て、なんとなく細いと違和感を覚えたことはないだろうか。よく知られたことであるが、タイの大剣の幅は、ラペルの幅と合うようにすれば違和感なく着こなすことができる。第2章「えりで損をしない」（109ページ参照）ですでに説明をしたが、可能な限りそれに近い幅を選ぶようにしてほしい。

また、素材はシルク100%の一択である。

ニットタイやウールタイなどの素材のアレンジを試みるのは、タイを4本揃えたあとでいい。

さて、素材や長さについてはスーツやシャツに比べれば覚えることは少ない。ただし、柄に関する知識は増やす必要がある。しばらく「ダメ出し」が続くかもしれないが、最後まで読んでほしい。

いきなりで恐縮だが、スーツにチェック柄は最悪だ。

チェックのタイをしている人に対して「誠実」とか「信頼」「堅実」という印象を持つだろうか。次章の「組み合わせ」でも見ていくが、チェック柄は最初から除外していい。もしすでにお持ちなら、知識と経験がない限り黒のスーツと同様にゴミ箱に直行でかまわない。よく女性のスタイリストがチェックも素敵だとアドバイスしているのを見かけるが無視していい。あるいは、ピンクは爽やかだからと推奨されていることもあるが、上品であることを目指した靴とスーツに、なぜピンクが入ってくるのか理解不能である。もっとも、若い女性にウケたいのであれば、それでもかまわないが、そのスーツスタイルでは敬意と信頼を得ることはできないだろう。

結局のところ、以下の4つの柄を選ぶことになる。センスに自信がない人たちは無地だけを4本でもいいだろう。ストライプ4本だと、ひどく汎用性を失ってしまう。ストライプは複数の色であることが多いからだ。できれば、それぞれ1本ずつ買い揃えておけばいい。タイを目立たせたいなどという下心は忘れるべきである。

◎無地

ソリッドタイとも呼ばれるが、日本ではあまり見かけない。一番使いやすいのに残念である。このとき、パステルカラーを選んで茶目っ気や若々しさを示そうなどという下心は捨てるべきだ。落ち着いた、シックな色を選択してほしい。自分をどう見せるかではなく、相手がどう見るのかだけに注意を払う。地味であることは、若々しさに勝るのだ。

最も汎用性が高いし、柄のカウントもゼロなので、シャツやジャケットを選ばない。

◎ドット

丸が大きいポルカドットや、丸の大きさがまちまちであるもの、丸の色が統一されていないというものはカジュアルの部類に入ってくる。賢明なビジネスマンが選ぶべきではない。ドットは小さければ小さいほどフォーマル度が上がる。

◎小紋

パターン、直径5ミリ未満で選択し、非対称であることは避ける。常に無地かドットというのも次第に楽しくないと感じてくるかもしれない。柄を上手に取り入れる着こなしは、その人のセンスのよさがにじみ出る。次に示すストライプより小紋での挑戦をオススメしたい。

◎ストライプ

通常、着用者から見てストライプが左上から右下に流れるものをいう。相手から見るとストライプが右上から左下に流れることになる。ただ、フォーマルな場面や海外の方との商談では避けるべきだろう。なぜなら、長い間、ストライプは所属する組織や所属、学校を示してきたからだ。変な先入観を最初の段階で作りたくはない。日本人はストライプが好きだし、タイ売り場の8割以上はストライプが占めているが、僕は1本もストライプを持っていない。同じストライプでも、逆に流れるストライプはリバースと呼ばれ米国発祥である。これはフォーマルな場では用いるべきではない。あってもいいが、最初の4本に入れる必要はない。

もっとも、紺の無地のスーツに、紺ベースに控え目な色味のストライプのタイなんか

ストライプを選ぶなら英国式を

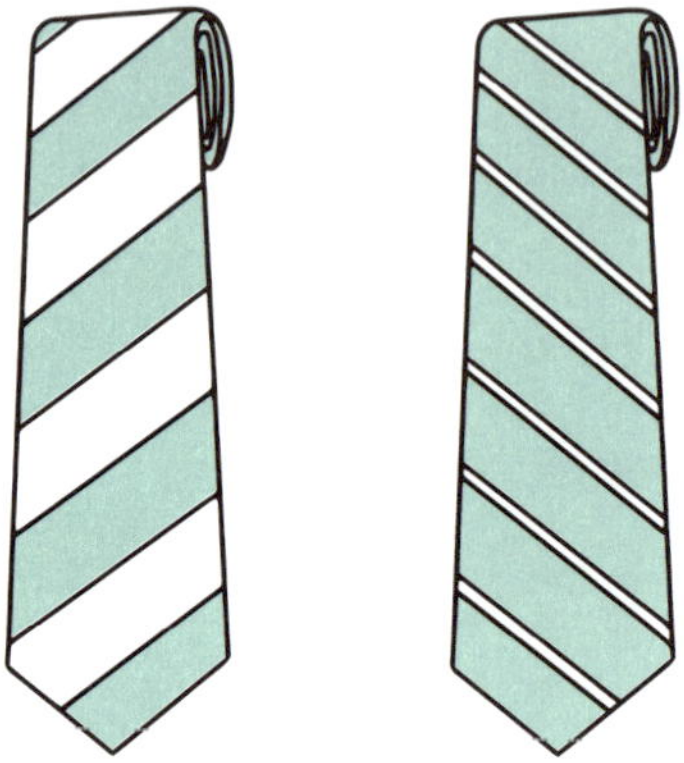

は、やはり文句なしに鉄板だとは思うが、汎用性の高さやミニマルという視点から外している。

少し話が逸れたが、このように本来タイには所属を示す意味もあった。だが、昨今のカジュアル化の流れで、日本ではゴールデンウイークをすぎるとむしろタイをしているほうが、マイノリティになってしまう。タイを外す自由を声高に叫ぶことは、トレンドなのだしけっこうなことだとは思う。しかし、タイを締める自由というものも確保しておきたい。服装は自由であるなら、個人的にはなおさらタイをする自由を叫びたい。

なお、スーツは紺としているので、タイの

色も基本的には紺でいい。シャツは白でもサックスブルーでもどちらでも合う。ただし、スーツとタイの紺の濃淡をいっしょにしないこと。スーツとシャツのストライプのピッチ（間隔）を揃えるのはカッコ悪くなるように、スーツとタイの紺の明度を合わせることもカッコ悪いのである。

3本目以降にトライしてほしい色は茶か緑である。どちらもカントリーサイドの色であり、カジュアルに分類されるため、最初に購入しなくてもかまわない。ジャケパンスタイルならばマッチするし、あまり使っている人を見かけないため、紺以外の選択肢として、地味に徹しつつも趣味よく見せる場合に1つの選択肢として挙げられる。

僕の場合はジャケパンに緑か茶のソリッドタイを合わせるようにしている。茶であれば、靴と合わせる。緑であれば、コートや鞄をカーキにして、少しだけカジュアルな雰囲気を作る。日本人があまり使っていないが、紺との相性もよく、汎用性の高い色である。

ときどき、黄色のタイを見かけるし、それを推している情報に触れることもあるが、僕が首をかしげてしまうのには理由がある。それは、『ヨーロッパの色彩』（パピルス）という本の影響があるからだ。

本の最初に登場する青は、「西欧総人口の50％以上が好きな色」として紹介されている。一方で、黄は何かの策略が裏で働いているのではないかと思うような記述が続く。特に目を引くのは、「虚偽と裏切りの色として」見られるようなネガティブなイメージのオンパレードだ。

今日において、このようなイメージがどれだけの人に受け継がれているかは定かではないが、これを知ったあとに黄色を身につけるほどの勇気は僕にはない。

なお、灰色は「他のすべての色彩をもっとも精密に、そして流麗に〈語らせて〉くれる色」であるらしい。そうであれば、やはりスーツは紺かグレーが王道であるという理屈にも合点がいくわけであり、積極的に取り入れたい色の1つになる。

クラッシックとは、普遍的なものである。

昔から男の色として認められてきた色を自分も利用すべきである。総じて渋みのある色であることは、日本だけでなくヨーロッパでも同様だ。

Classic 13

タイの流儀

ダブルノット、センターにディンプル

シャツやスーツは適切なサイズを着ていればある程度は様になる。ただし、タイはいく

ら上質なものでも、適切に結ばないとまるで格好がつかない。たいていの本や雑誌ではプレーンノットやセミウィンザーノット、ダブルノット、ウィンザーノットが紹介されている。そうした名前や結び方を覚えるのはなかなか骨の折れる作業だ。

ノット（結び目）は、ルール上はどれでも問題ないが、ここでは2つだけを覚えればいい。

ずばりダブルノットとプレーンノットである。

先に紹介した順でノットの面積が広くなっていく。そしてシャツの開きがノットの選択にも影響を与える。シャツのえりの開きの部分、シャツの第一ボタンの部分で、タイのノット以外が見えているのはまずい。えりが広く開いたシャツの場合は、ノットの面積は大きくすべきだし、逆に開きの小さいレギュラーシャツならば、ノットは小さくしないとならない。

この本ではシャツはセミワイドスプレッドカラーを勧めている。

それにマッチするのはダブルノットかセミウィンザーノットだ。1万円以上する厚みのあるシルク素材ならばプレーンノットでも十分かもしれない。曖昧な表現で申し訳ないが、こればかりは結んでみないとわからない。ノットの大きさとシャツのえりの長さについては、比率も紹介されることがあるが、覚えにくいし使いにくい知識である。実際に結んで

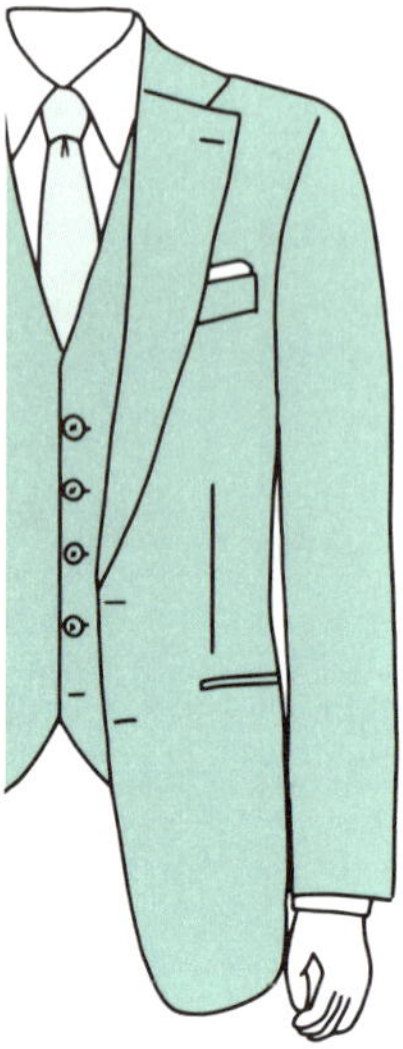

ノットは樽形に

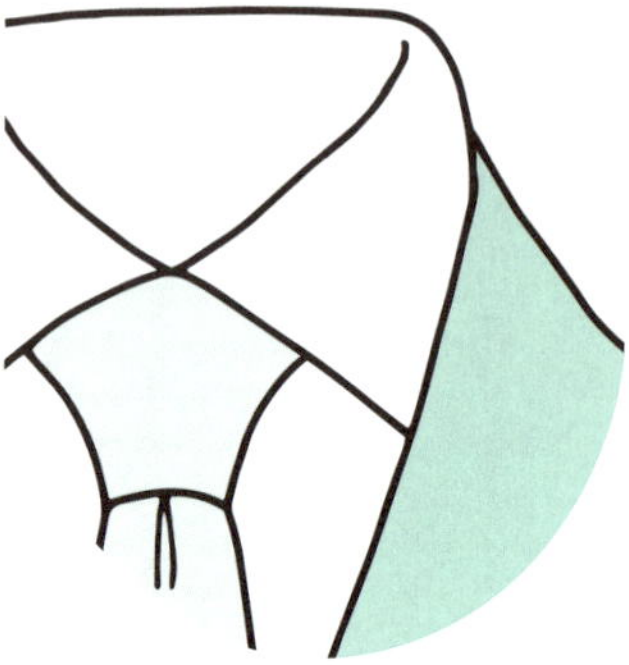

みて、大きすぎないか、タイスペースに隙間ができないかということを確認してほしい。1万円以下のタイならば、生地が厚くならないだろうから、ダブルノットが適切だろう。また、タイを結んだあとの長さのバランスも次項で取り上げるように、考慮すべき1つの要素である。

日本の通勤風景ではセミウィンザーノット、あるいはウィンザーノットを見かけることが多い。

これらは、正三角形の結び目となる。

一方、プレーンノットやダブルノットならば樽形になる。好き嫌いのレベルになるが、樽形になる結び目をオススメする。あらゆる顔の形にマッチするし、ラペルの太さを考えても太くなりすぎない。つまり、自然に見えるのだ。

また、外すときも樽形になるノットであれば、タイが絡まることもなく簡単にほどける。タイを締めるときも、外すときもスマートに行いたいものだ。その場合、難しい結び方のノットをわざわざ選択しなくてもいい。

タイを締めたときにできるくぼみのことをディンプルと呼ぶ。ファッション雑誌などでは、ディンプルを前提としていることが多いが、あえてディンプルをつけないということもある。葬儀の際、黒いタイにディンプルを作るのはご法度である。そもそもディンプルが飾りであるという考えに立てば、こうした暗黙のルールも納得できるだろう。

中央からずらすなどというアドバイスもあるだろうが、結べば自然にできるくらいのディンプルをセンターにあしらうのが最適といえる。ディンプルがないと古めかしく感じられるため、日常ではまったくなくしてしまうのは避けたほうがいいが、あまりにも手を加えた感じがするのも不自然で、反対に余裕が失われてしまう。丁寧に、しっかりとよけいな隙間ができないようにノットを作れば、自然とディンプルは生まれる。いうまでもなく、タイをゆるく締めて、ノットが台形になっているものは、いくらシャツの第一ボタンをしっかり締めていたとしてもだらしなく見えてしまう。

クラッシックとは常にさりげなくあらねばならない。素材以外にも気を配るべきである。

細部も引き算を

Minimal 13

タイバーは不要

タイバーは不要だ。あっても間違いではないし、ルール違反ではない。だが、タイバーをシャツの第2、第3ボタンあたりに持ってきて周囲にアピールするのは、明らかにルール違反であり、品がない。

斜めにタイバーをするのもビジネスではよけいである。

どうしてもタイバーをつけたいというなら、シャツの第4ボタンの上にまっすぐに挿すべきだ。ここならさほど目立たないし、本来の役割である「タイのノットを上げて、立体感を持たせる」という機能も果たしてくれる。タイバーはそれ自体がオシャレなアイテムだということではない。あくまでも主役はタイである。

ウェストコートを着ればタイに圧がかかるため、タイバーと同じ効果を出すことができる。タイバーもつけて、ウェストコートも着るのは機能的にも意味のないことがわかるだろう。また、タイバーはカフスリンクのように、安価なものであれば数千円で手に入るが、

タイはベルトに少しかかる程度

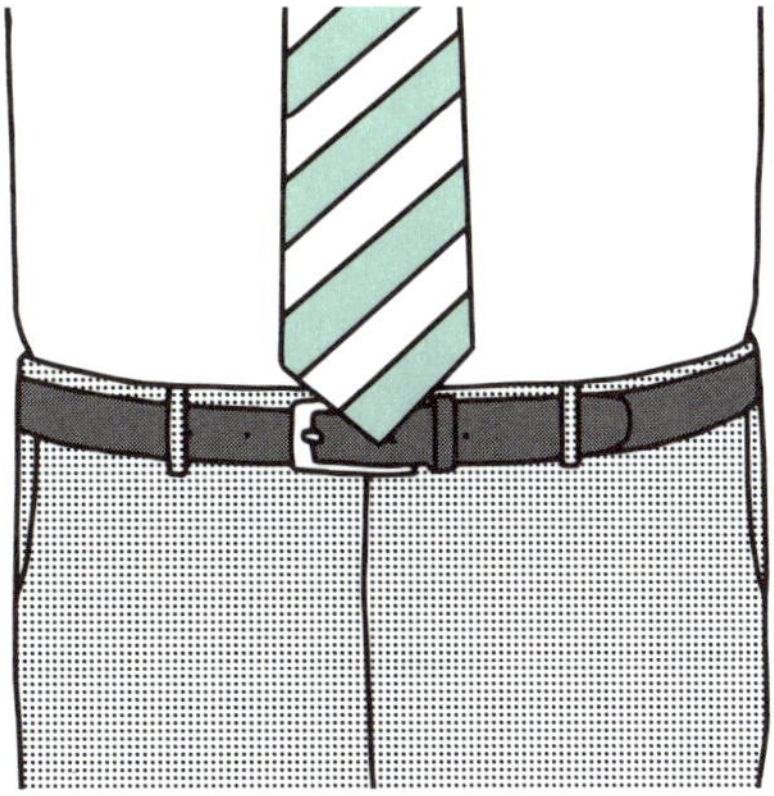

すぐにその価値を見抜かれてしまうおそれがある。繰り返すが、天然素材がクラッシックの基本であり、シルバー製品を人の目につくところに身につけるのは不自然さを強調するだけで、クラッシックな着こなしをするうえでのメリットがなにもない。

同様の理由で、ジャケットのフラワーホールにピンバッチを挿すのもいかがなものか。社章を挿さなければならない人もいるだろうが、職場を離れるときには、情報管理の観点からも外しておくほうが望ましいだろう。

最後にタイの適切な長さについて、指摘しておきたい。イラストのように、ベルトの上にギリギリかかるくらいが正しい。

Rule 14

靴下の選び方

ホーズ一択

ホーズという言葉をご存知だろうか。ソックスのことではなく、いわゆるハイソックスの靴下のことである。膝下までの丈があるので、おじさん臭く思われるかもしれない。

だが、紳士が人様に見せていいのは、首から上と手だけである。

どれだけビシっと決めていたとしても、足を組んだときにすね毛が見えてしまっては、すべてが台無しになってしまう。

ホーズには靴下の機能以外に吸水性が挙げられる。素材はウールとシルクの混紡がいいが、価格と入手の難しさから、コットン100%を選ぶ。コットンなら、高くても1500円程度で手に入る。身につけるものには天然素材を選んでほしい。

ちなみにブランドのロゴは不要だ。あれがあるだけですべてをぶち壊してしまう。ブランドのロゴのついた高価なソックスが買えることをアピールしたいわけではないはずである。

よけいな色と柄はホーズにも不要だ。柄や色に変化を持たせるために数千円を投資するのは、文字どおり手軽《カジュアル》であって、落ち着きを示すべき大人がわざわざやることではない。靴が美しいなら、その美しさを引き立てるために、主張しないことがホーズに求められる役割の1つである。

ホーズは天然素材でボトムより濃い色、ロゴがないものを選ぶ。ショップに行けばこの要件を満たすホーズが少ないことに気づくだろう。ちなみに僕はハリソンのホーズをまとめ買いしている。

さて、最後に色の問題である。

色を靴に合わせるのか、それともズボンに合わせるのか。これはどちらにも主張がある。しかしながら、両者の共通点は靴とともに全体のスタイルを引き締める配色をすべきだという点にある。

ただ、ホーズは革製品ではなく布製品なのでズボンと合わせるほうが自然かつ統一感を演出できる。

色はスーツよりも濃い色が絶対条件で、紺のスーツを選択しているならば濃い紺、グレーのズボンなら、濃いグレーとなる。必要枚数は、毎日履き替えるので5足となる。色の比率は、コーディネートするズボンを考えたらいい。持っているスーツがすべて紺で、靴が黒ならば、紺のホーズを5足揃える。

スーツはストライプを選んでいるなら、ホーズもストライプにするのも悪くはないが、靴やスーツの脇役として一歩下げるようにしたほうがいい。

リブ編みなら、その役目を果たすことができる。ただ、リブ編みでさえストライプのズボンとかぶるので、どうしても無地がいいのなら、厚手で肌色が透けない生地を選択するといい。

上から見ていくと、ストライプのスーツ、ちらっと覗くリブ編みのホーズ、そしてつややかな黒革靴。とても美しいではないか。靴下はマイナス評価にはなっても、プラス評価になることはないアイテムである。手抜きはこのような細部でも許されないのだ。

また、全体のコーディネートで2柄が好ましいことはすでに述べたとおりである。ただ、3柄、4柄と増やしてもマッチするように挑戦するのは、センスを高めるうえでは好ましいことだ。ジャケットを多く揃えるとか、タイを増やすということも1つの手ではあるが、もっとも経済的に優れているのはホーズのバラエティを増やすことだろう。

フランネル（紡毛）のスーツを着るときに少し厚手の素材のホーズにするとか、タイとの色調は揃えつつも柄を変えて調和を保つというような着こなしを増やすことも今後トライしてほしいことの1つである。

Minimal 14

ポケットスクエアとハンカチ

挑戦すべきこと

チーフ（ポケットスクエア）には苦い思い出がある。

スーツのルールを学びはじめた頃、デキる男はポケットスクエアを挿すということを知った。僕はさっそく背伸びをして真似をした。あるとき職場の女性から、ポケットスクエアをするには若すぎると指摘された。まだ体系的な知識を持っていなかった自信のなさから、すぐにそれをやめた。

今なら、ポケットスクエアはドレスアップには欠かせないし、夏ならばジャケットを涼しく見せるために、年齢に関係なくあったほうがいいという理由を説明できる。今から思えば、僕の自己酔狂感が透けて見えて気持ち悪かったのかもしれない。恥ずかしい限りである。

ポケットスクエアは、全身の色や柄を絞ったうえで、少しだけ足し算をするという大人の節度を必要とするものである。その際、いかにもなオーラをどう消すべきかに頭を使えば、ナルシシズムに陥ることもなくなるだろう。

まず、絶対に避けることは、タイとポケットスクエアの色と素材を完全に合わせることである。

スーツで視点を向けなければならない部分は、いうまでもなく着用者であるあなたの顔だ。タイとポケットスクエアの色と素材が同じであれば、どうしてもその部分に注意がいってしまう。タイで使われた色やポケットスクエアの色を、距離の離れた靴下でフォローするのはさり気なくていいかもしれない。しかし、タイとポケットスクエアだと、やはりいかにも合わせましたというような考えが透けて見えて、品を落とすことにもなりかねない。

ショップでは色と素材を合わせたものがパックになって販売されているし、それがオシャレだとするアドバイスも本や雑誌で見かける。だが、それでは「私はファッションセンスがあるので、雑誌に載っている格好をしている」とアピールしながら歩いているようなものだ。

そんな誰にでもできるようなことを、あなたの大切なお金を遣ってやる必要はいっさいない。

さらに、多くの色や柄を取り入れながら調和させることを考えればさまざまな取り組みがあるし、それが楽しみの1つであることは理解できる。だが、まずはもっともベーシックな方法から始めて、ポケットスクエアを挿すことが習慣となることを目標としてほしい。いい靴がスーツスタイルを格上げしてくれるように、ポケットスクエアも同じ働きをしてくれる。よくいわれることだが、夏場のクールビズでタイを外さざるをえなかったとしても、ポケットスクエアを挿すことでより洗練された姿になることは確実である。

色については、シャツと合わせればさほどキザにも見えないだろう。

一方の素材はリネンかコットンを選択すればいい。タイのシルクと素材と色をいっしょにしないことだけを考えればどちらでもいい。ただ、シャツの素材であるコットンとは別にすることにこだわるなら、リネンの一択となる。

ではポケットスクエアはどう挿すのがベストなのか。

TVフォールドはテレビでも多くの人がしているから、見慣れているはずだ。

これであれば、ポケットスクエアを挿すことをキザだと評価する人たちからの批判も多少和らぐだろうか。1つだけ注意点を挙げるならば、四隅を少しずらすということだ。日本人の几帳面な性格から、初めてポケットスクエアを挿すときは、綺麗に四隅を揃えてしまいがちである。ただ、このポケットスクエアは単なる飾りではないと示すために自然に見えるほうが好ましい。TVフォールドでその自然さを出すなら、四隅を少しずらすことで対応できる。また、そうすることで胸ポケットで立体的に見えるようになる。

なお、手を拭くためのハンカチを別に用意する必要はない。

まず、40×40センチ以上の大判を用意する。もちろん、色はシャツと合わせてサックスブルー、もしくは白である。枚数もシャツの枚数と合わせる。

ただし、ポケットスクエアをキザだと評価する日本では、まだまだ胸ポケットに入れて見せるハンカチと、実際に使うためのハンカチを2枚を持つことは、ダサいとするような考え方は普及していない。

なので、ポケットスクエアとハンカチを2枚持つのが無難かもしれない（ただし2枚持っていることを周囲にさとられないようにする）。

さて、1枚は胸に挿すとして、もう1枚はどうするのか。簡単な話である。鞄にしまっておけばいいのだ。映画『マイ・インターン』のロバート・デ・ニーロよろしく女性に貸すためである。

ちなみに、胸ポケットのディテールが登場するのは1850年頃である。「ハンカチ」はたしなみであり、胸ポケットが収納場所となる。したがって、そのような背景を知っておくと胸ポケットに何もないのは「トイレに行っても、手を洗いません」と周囲に宣言していることになる。

ここまでスーツの細部にこだわって創ってきたのならば、ぜひポケットスクエアにトライしてほしい。数週間もすれば、逆にないほうが不自然に感じてくるから不思議なものだ。

時計は見えるもの

Classic 14

ヴィンテージウォッチと革バンド

時計が表すものはなんだろうか。その人の趣味や経済力、審美眼、センス……。ルールの多いスーツに対して、時計はカフスと同じように自由に選ぶことができる。しかし、カフスはミニマルを志向すれば必要のないものである。

では、時計はどうだろう。現代ではスマホもあるし、どこのオフィスや会社、商業施設、公共施設にだって時計はあるので、合理的に考えれば必ずしも必要とはいえない。

着けないことを徹底するのも、その人のスタイルでもある。

ただし、時計は多くのことを語ってくれる。ビジネスにおいても饒舌な男は好かれない。スーツ同様に時計に語らせておき、自分は黙るという意味で時計の着用をオススメする。

見た目を考えると、足元は靴がピリオドを打ち、首はタイ、手は時計が引き締めてくれる。

では、どの時計を選べばいいのだろうか。ルールは確かにないが、時計でその人となりを判断するという横暴な人もいる。であるならば、せめてマイナス評価は避けたいところ。高級ならなんでもいいのかというとそうでもない。3万円のスーツに100万円の時計ではひどくアンバランスである。

そこで僕は1940年から1960年台に製造されたヴィンテージウォッチをオススメしたい。価格も10万円台で手に入るし、良質なものが多い。何よりフェイスが小さめで、薄く、シャツのカフに収まる。バンドを変えれば、現代でも十分に通用する。バンドは黒の牛革（カーフ）を選択し、靴やベルトと合わせるといい。季節に応じて、変えるのもいいだろう。時計のバンドは時計ほど高価ではない。

シルバーバンドはたとえ高級時計だとしても、カジュアルにしか映らないと考えたほうがいい。したがって、ジャケパンならこの選択肢もありだが、スーツであれば革バンドを強く勧めたい。

最後に1つだけ。時計をするほうのカフを少しだけ広く、つまり適切なシャツのサイズとしたうえで、フェイスも薄くしていれば、時計はさほどのぞかないものである。

時計は見せるものではなく、見えるものだと心得ておこう。

印象を大きく変えるオーバーコート

Minimal 15

チェスター1着

結論からいえば、**濃紺の無地+ウール素材+膝丈のチェスターフィールドコートを予算3万円から5万円で手に入れたい。**

オーバーコートは衣類の中で最も長く使うものだし、安価なものでも値は張ってしまう。では、いくらかければいいのか。トレンドの影響を受けないオーバーコートとはどういったものだろうか。できれば、そこそこの値段がするものなので、オフタイムにも使えるものがいい。さらに頭を悩ませる理由がもう1つある。オーバーコートは見られるだけではなく、人に手渡すことがあるということである。

ホテルで行われる式典などに出席してレセプションでオーバーコートをクロークに渡すことは稀かもしれないが、日常でも飲食店でオーバーコートを店員に手渡すことはよくあるだろう。店側にそのようなサービスがなくても、飲み会では、同僚や部下、友人やパートナーが気を利かせオーバーコートを受け取ってハンガーにかけてくれるということもありえる。後述するように、オーバーコートを脱いだ場合、内側が外に出るように畳んでおくことが好ましいので、ブランド名やテーラー名が意図せず見えてしまうこともある。オーバーコートをハンガーにかける仕事を買って出てくれる親切な人がいた場合、結果的に彼らは多くの人のコートに触れることになる。知識があろうがなかろうが、感覚的に良質なものとそうではないものを瞬時に感じ取ることになる。こう考えると、冒頭に挙げた条件をミニマムとして、予算の許す限り良質なオーバーコートを手にすることで減点になることはない。極端な話、安価なスーツを着ていたとしても、良質なコートを羽織っておけば中に着たスーツを隠せるという美観の意味でもよい投資ともいえる。

選択方法はこれまでと変わらない。

まず、サイズである。オーバーコートなのでシャツやスーツに比べれば確認する点は少ない。3点だけ確認すればいい。

1つ目は、いうまでもなく調整の効かない肩のチェックである。スーツやジャケットを販売店に着ていき、その上からオーバーコートを羽織って確認する。

次にコートの丈である。膝下のチェスターフィールドコートが確かにフォーマルでエレガントである。これはサラリーマン的な考え方だが、ジャケパンなどのカジュアルダウンする場合やジーンズと合わせるというようなオフでのコーディネートを考えた場合、膝下の丈だと汎用性を欠いてしまう。汎用性を考えて1枚だけなら膝丈が最も使いやすい。そして、当然ながら下に着ているジャケットよりも丈は着長くなる。

最後にそで丈だ。これはあとで調整がきくが、シャツが覗くのは短いということだ。シャツはジャケットよりも長くなっている。このシャツが隠れるようにする。目安としては手の甲にかかる程度がいいだろう。これよりも長いなら、調整はマストだ。

素材はウールを最初に検討したい。3万から5万円の予算だとウールが精一杯の選択肢だろう。予算によってはウールよりも光沢があり高級なカシミヤ、あるいはウールとカシミヤとの混毛も選択肢に入る。これは予算で決めて問題ない。カシミヤのほうがウールよりも軽くて温かいという機能的な利点もあるし、何よりも見た目の美しさと手触りのよさが違う。趣味の話ではなく、誰でもわかる明らかな違いであり、ここにお金を投じることに異論はない。

さらに、ボタン部分が比翼（ボタンが隠れる仕様のほうがフォーマル）になっているかどうかとか、上えりがベルベットになっている（なっているほうがフォーマル）、胸のボタンがあるかどうかなどが検討部分ではある。だが、素材やサイズ、そして予算が優先事項であるし、既製品だと選択肢が限られるのが現実だ。最低限気にしておきたいのは次の点である。シングルのスーツを選んでいるならば、オーバーコートもシングル、ダブルのスーツならばダブルのオーバーコートのほうが見た目にも統一感があるし、Vゾーンの見えるバランスも好ましいものになる。

ただし、色はデザイン以上に優先順位を上げて選んでほしい。スーツやジャケットで紺（青系統）を選んでいるので、濃紺一択でいい。4着目以降のスーツでブラウンにして、キャメルのポロコートを選ぶというような選択はまだここでしなくていい。紺の中でもできる限り濃い色を選ぶべきである。コートを羽織る際、防寒の意味でも手袋（ヤギ革がいい）をはめることがあるだろう。手ができる限り長く見えるように、手袋はコートと同系色がいいというような考え方もある。しかし、紺の手袋となると選択肢は意外と少なくなる。それより、手袋を革小物と考えるならば、靴やベルトと合わせて黒にするのが自然だろう。黒の革手袋と合わせてもできる限りオーバーコートとの境目をなくすようにする配慮はしたい。全体を見ても、サックスブルーのシャツ、濃紺のスーツ、濃紺のオーバーコートとトーンオントーンが達成され、洗練された姿で一貫性を示すことができる。

なお、柄については、汎用性を考えれば無地がいい。ここでも全体で2柄の考え方を忘れなければ、自然と行き着く結論である。

2着目以降で考えれば、アルスターコートやトレンチコート、ステンカラーコート（和製英語）、ポロコートなどがあがる。手頃でサイズなどを満たす既製品に出会えたなら、2着目は色を変えたチェスターフィールドコートというのもいい。それほどに汎用性が高いのだ。

次に管理面での注意を確認したい。カシミヤは水に弱いことを忘れてはならない。思いきって雨のときは着ないほうがいいだろう。この意味で、1着目はウール、2着目に奮発してカシミヤというような考え方もありだ。

スーツのジャケット同様に厚手のハンガーを準備し、ブラッシングを必ず行うようにする。濡れた場合は日陰で干し、乾燥させたうえで収納する。また、シーズンオフの梅雨の時期や夏は、適宜風に当てるというようなカビ対策も忘れないようにしてほしい。カシミヤのクリーニングは多少値が張っても信頼できる店にしたほうがいいだろう。サイズの説明で気づいたかもしれないが、オーバーコートは手首部分と首部分が直接肌に触れてしまう。最低でもオーバーコートを羽織るときは、手袋をはめる。さらにマフラーもすることで、防寒対策にもなるし、肌に触れてオーバーコートが汚れるリスクもなくなる。そういえば、ウェルドレッサーの上司がマフラーを首に巻かずにただ垂らすだけの着こなしをしていたが、オーバーコートを汚さない配慮だったのかもしれないと今ならわかる。なお、直接肌が触れる箇所は、2、3回着たらベンジンを染み込ませた布で拭き取るというような管理を徹底すべきである。

オーバーコートにもマナーがある。仕事相手の会社などの建物に入る前には必ず脱ぐようにする。脱いだオーバーコートはジャケットと同様に、外気に触れた側を内側にして折りたたむ。手袋はオーバーコートの胸ポケットに収納する。そして、鞄同様に、けっしてテーブルの上に置いてはならない。

ベルトの取り扱い

Rule 15

ベルト穴は3つ目に通して幅は3センチ

本来、ベルトは見せることを意図していない。

ベルトの穴は5つのものが基本である。穴は真ん中である3つ目の穴にしか通してはならない。最悪でも4つ目の穴にしよう。バランスが著しく崩れるからだ。また、ベルトの先端はズボンの真ん中から1つ目と2つ目のベルトループに位置することがもっともバランスがいい。ベルトを絞りすぎると不恰好で、男らしさに欠ける。反対にウェストが実際には細くてもゆるく締めてしまうと、ベルトが見えたときにウェストがだらしなく膨れているように見えてしまう。

素材は靴と同じで、黒の牛革の一択である。スウェードの靴を履く場合は、スウェードのベルトを用意すべきだと思うが、スウェードはカジュアル寄りなので、ジャケパンであることを前提とする。このことからも、カジュアルダウンとミニマルの視点は同じベクトルにはない。カジュアルを志向すれば、やはりそれだけよけいなお金がかかってしまう。

ウェストコートを着る場合は、バックルのシルバーが人に見えるのを避けるために、あえてバックルを左右どちらかにずらすといい。できる限り足を長く見せる効果があるからだ。ウェストコートの場合、ブレイシーズ（サスペンダー）を用いるのが正式だが、既製品であればベルトを用いることが前提なので、このような工夫をしたいところである。そうすれば、仮にベルトが見えてもカーフ部分でシルバーのバックルが人目につくことはないだろう。

もしズボンをオーダーできるのなら、ブレイシーズを用いることをテイラーに伝えよう。タブ式と呼ばれる、ブレイシーズ下部がボタンホールで留められるものを選択したほうがクラッシックである。ブレイシーズのほうが、ズボンがストンと落ちてタックもキレイに見える。

最後に、**ベルト幅は3〜3・2センチ**がルールである。もし、カジュアルなジャケパンスタイルなら、ベルト幅は3・5センチ以下が適切だ。素材は牛革（カーフ）で色は靴に合わせるといい。黒の靴しかないならば、黒だけで十分である。それ以外の色はむしろ不要だ。

スペインで出会った30代後半の経営者は、スーツスタイルでもジャケパンスタイルでも、バックルを着用者から見て左にずらしていた。彼は「ベルトは目立たせるべきではないし、外すのは淑女の前だけだ」とウィットに富んだ説明をしていた。

これまでに見てきたビジネスマンでこれを実践していたのは彼1人なので、それほどメジャーなルールではないのかもしれないが、こういう細部にも配慮できるのは素直に感心してしまう。

もちろん、彼の服装のサイジングが徹底していたのはいうまでもないだろう。

Rule 16

布製品の寿命とお手入れ

タイ、ホーズ、ポケットスクエア
——劣化したら交換を

▼タイ

基本的にタイにアイロンをかけてはならない。当て布をしても、繊細なシルクを傷めてしまうからだ。同様にクリーニングも不要である。どれだけ愛着のあるタイでも、傷が目立ったり、光沢がなくなったら、買い換えるしかない。使用頻度にもよるが、目安としては、生地に傷みが出てきたら、寿命である。やはりタイは目立つものなので、傷んだ高級品より、安価でも傷のないタイを選ぶほうがいい。消耗品であることを前提に、自分の締めるタイの価格帯を決定してもいいだろう。

また、タイは優しくほどくこと。きつく締められたタイを急いでほどくと、よけいな摩擦を生み、生地を傷めることにつながるからだ。

◎準備するもの

- ブラシ：コートをブラッシングするものと同じでいい。
- 保管箱：11センチ方の仕切り棚（無印良品のポリプロピレン小物収納ボックス3段A4縦が適している）

■毎日のお手入れ

「ブラッシング」「丸める」「保管」という3つのプロセスからなる。

①ブラッシング

スーツと同様で常に外に触れているものなので、ホコリなどのゴミを取り除く必要がある。シルクは繊細なので、できるだけ高級なブラシを用意すべきである。軽く上から下に向けてブラッシングするようにする。

②丸める

ノットのシワを取る必要がある。吊るすという方法もあるが、大剣と小剣とで重みが異なるため、アンバランスな重さになってしまう。したがって、テンションをかけながら丸めるほうがいい。

まず、タイを2つに折り、折り目からテンションをかけて丸めていくようにする。変なうねりを作らないように、丸める際は注意してほしい。それでもシワがなくならないなら、スーツと同様に霧吹きで水分を与えるか、スチーマーで蒸気を当てて、再度テンションをかけて丸めて様子を見るといい。

③保管

仕切りのある棚に保管する。4本のタイが入るものを2つ用意する。こうすれば合計最大8本のタイを収納できる。なお、タイは7本までとして、1つの空きスペースに防虫剤を入れておくといい。

糸が出てしまっている場合は、その場所をライターで焼き切るようにする。切るよりも、焼いたほうが繊維が丸まって、再び糸が出ることを防ぐことができる。

シミについては、できる限りシミ抜きなどで対応したいが、それでも取れない場合は、クリーニング店に相談することが最終手段である。食事のときに油で汚れるというように、理由が明確な場合は中性洗剤を用いて、優しく手でもみ洗いということも考えられる。干すときは、タイが伸びないように、必ず平らなところに置いてほしい。それでもシミや汚れが取れない場合には買い替えとなる。

▼ホーズ、ポケットスクエア、布製品

ホーズについては、靴磨きの際に1度点検するといい。特に紺などの濃い色の場合、すり減った箇所に穴などがなくても、色が抜けているなどした場合、取り替えるべきである。とりわけ、僕のようにチャッカブーツを履く場合、ブーツに隠れてしまうかかとのすり減

りも、普通の革靴を履くと見えてしまう場合がある。それがどんなに細かいものでも、隙はすべてを台無しにしてしまう。同じような柄や色を揃えていると思うので、なかなか均等に履くことは難しいだろう。後述する革小物のケアの際、ホーズの摩耗を確認し、注文するようにしている。

◎準備するもの

- 粘着テープ…どれでもいい。
- 保管箱…1つが11センチ方の仕切り棚。4つの靴下が入るものを2つ用意する。合計最大8つの靴下を収納できる（タイと同じ収納ボックスを利用している）。やはり1つは棚を空けて、防虫剤を入れている。

■毎日のお手入れ

日本の洗濯機の多くは、「きれいにすること」を目的としていて、ヨーロッパ製の洗濯機と比較すると衣服に負担をかけるとよくいわれる。また、靴下は摩耗が激しいものである。したがって、洗濯をする場合、絶対に裏返すようにする。こうすれば、表面の摩耗から生地を守る、裏面（足が直に当たる部分）を洗うという2つの目的を果たせる。

乾かしたあとに、裏表を元に戻す。一度、粘着テープでさっとホコリを取る。そのあと、タイと同じ要領で巻いていく。そして仕切りのあるケースに保管する。ただし、保管にシワ取りの目的はないので、無用なテンションは避ける。

ポケットスクエアやハンカチという布製品については、シャツと同じタイミングでいっしょに洗濯することをオススメする。アイロンの手間を少しでも省くためである。アイロンをかけたら、すぐに使える状態で保管しておく。

また、足の臭いが気になるという場合、ホーズを会社に置いておくこともひとつの手だ。急な接待や訪問の場合、履き替えることがもっとも確実だからだ。臭いはなかなか指摘されることはないが、相手に絶対バレていると思ったほうがいい。

Column 4

ベルトvsブレイシーズ（サスペンダー）

多くの人は、ズボンを穿くときにベルトを使用しているはずだ。だが、ベルトだとスリーピースを着た際、ウェストコートの下からベルトのバックルが覗くおそれがある。当然だが、ベルトがなければ何も見えなくなる。このとき、ブレイシーズ（アメリカ英語だとサスペンダー）を使用するという手がある。

ブレイシーズの利点は、ベルトよりもクラッシックな装いになる点にある。ズボンのウェストが若干大きいとき、ベルトによっては腰回りの生地がヨレてしまうことがある。だが、ブレイシーズでズボンを吊るせば、その心配もなくなる。タック（プリーツ）はキレイに見えるし、ベルトを通す部分を取ってしまえば腰回りもスッキリする。こうした美観の面からもクラッシックだと感じさせるのだ。ブレイシーズの利点はこれだけにとどまらない。

まず、遊び方が増える。

基本的に誰にも見せないが（ウェストコートを着て、さらにジャケットも着たままということを前提としている)、ブレイシーズの色や柄は楽しみの1つになる。タイと合わせるのはあからさますぎて野暮に見えるかもしれないが、シャツの色に合わせれば、控えめな楽しみになる。

あるいは、チーフの色と合わせてもいいし、遊び感覚で靴下と合わせてもいい。いわば下着のような遊び方ができるのだ。

そして、サラリーマンに嬉しいのは耐久性である。

ベルトはたいてい牛革で日々汗と圧力という負担がかかっている。経験上、ベルトは手入れをこまめにしても3年程度でどこかにひび割れを起こして耐用年数を過ぎてしまう。靴を黒革だけで統一し、日々酷使していれば尚更である。その点、ブレイシーズが傷むことはあまりない。タブ式の場合、ズボンとの接合部が革になるが、極端な話、見せることを意図していないため、ひび割れても気がつかないのだ(とはいうものの、手入れはしたほうがいい)。

しかし、いいことずくめならブレイシーズがもっと普及しているはずだが、現実はそうなってはいない。それは、ブレイシーズに欠点があるからだ。これはあまり言及されることがないが、不便であることも事前に知っておくべきである。

実用面から見ると、2つの欠点がある。1つはズボンとブレイシーズを取りつけるのに手間がかかる。ベルトであれば、ベルトをズボンに通すだけで作業は完了する。男性なら小学生くらいから手慣れた習慣である。それに対して、ブレイシーズは前面左右それぞれ2つずつ、背面（腰）は2つのボタンで固定しなければならない。これに慣れるまでにけっこう時間がかかるだろう。

もう1つは、トイレの際に手間取ることである。トイレのドアにフックがついているが、あれは何もオーバーコートをかけるためだけにあるわけではないのだと、ブレイシーズをして初めて気がついた。つまり、ブレイシーズをつけたままでは、何もできないのだ。オーバーコートに加え、ジャケット、ウェストコートまで脱がなければならない。そうなれば、どうしてもこの3つを引っかける場所が必要となり、フックのあるトイレを選ぶことになる。考えればわかることだが、購入時にはなかなか思いつかないことかもしれない。当然ながらあれこれ脱ぐ時間がかかることになり、混雑しているトイレだと迷惑をかけかねないのだ。

とはいえ、事前に「清潔で設備の整ったトイレはどこか」と考えることになり、そうした情報はデートのときにも役立つわけで、たいていの駅のトイレの場所を覚えることになる。これは、女性といっしょにいれば役に立つ知識の1つになる。ホテルのトイレが広いのは、これが理由なのかもしれない。

こうした不便さからベルトのほうが普及しているのだろう。

さて、どっちを選ぶかであるが、ふだんからスーツが多いならブレイシーズに統一してもいいだろう。ジャケパンが多いなら、ベルトでももちろん問題はないと個人的に考えている。

第5章 組み合わせ
COMBINATION

初心者のためのマストルール

Minimal 16

2色×2柄

この章ではアイテムの組み合わせを考えていこう。

ミニマルを志向してはいるが、色や柄の組み合わせについて説明しないと、具体的に購入するものは絞れないし、アドバイスとしても不完全だからだ。

その前に一般的にはセンスと呼ばれるものについて改めて説明しておきたい。

スーツスタイルにおけるセンスというものは、サイズや素材、デザイン、ディテールに加え、色と柄から成り立っている。そしてこうした組み合わせは無数に存在している。たいていの人は、これらをいちいち分析することなく、「センス」という便利な一言で片づけているだけである。

理屈をいえば、選択の幅を狭めれば狭めるほど、センスの悪い組み合わせはなくなっていく。僕は日々通勤電車でビジネスマンを観察してきたが、そこから導き出した誰でもすぐに取り入れることができる方程式がある。

「2柄×2色（無彩色を除く）であれば、センスは絶対に悪くならない」ということである。

この不自由さを受け入れる覚悟をしてから、以下を読み進めてほしい。

不自由の理由

Rule 17

本書のアドバイスどおりに揃える

無彩色（白から黒の間の色、グレーを含む）はカウントしない。

これまで説明したとおりにワードローブを揃えると、すでに1色、1柄を使用していることになる。ストライプの紺のスーツを選択しているからだ。

シャドーストライプ以外のストライプは1柄（シャドーストライプは0・5柄）であり、紺1色を用いている（ブルー系としてカウント）。

ここで0・5柄という定義も改めて説明しておこう。

例えば、シャドーストライプのような織り方は、右撚りの糸と左撚りの糸とを縞《しま》にして織るため、結果的に光の当たり具合で陰影が生まれる。よって、0・5柄とカウントする。

オックスフォードのシャツやその他の織りの入ったシャツ（ブロード以外）も0・5柄とみなす。タイも同様で、プレーンなシルクのタイは0柄だが、織りがあったり、ニットタイなど素材が異なったりすれば0・5柄とする。要するに「織りがあるとか素材が違うと陰影ができる。この陰影は柄とみなすが、1柄ではなく0・5柄とカウントしましょう」ということだ。

その他、スタンダードから外れることもこれに含まれる。例えばシャツでいえば、カラーピンやラウンドカラーを用いれば足し算し、0・5柄とみなすことにする。

この本のアドバイスに従っていればスーツでストライプを用いていることになる。この時点で1柄（もしくは、0・5柄）とカウントする。シャツ（無地）とタイを考える際、ストライプのシャツとストライプのタイを勧めなかった理由はここにある。もし、ストライプを選んでしまうと、柄が1つ追加となりスーツとシャツで合計2柄となってしまう。これだと、タイは自ずとソリッドタイ（無地）しか選択肢がなくなる。また、ストライプはピッチが狭いほどフォーマルであるものの、ストライプを2つ用いる場合、ピッチを合わせるのは野暮である。このようによけいなことを考える手間は、サイズやルール、素材を徹底する際に優先順位を見誤らせてしまう。

次に色について考えよう。

すでにスーツで紺（ブルー系）を用いている。靴は黒3足にして、茶を除外したのはここにも理由がある。黒靴は無彩色なためカウントされないが、茶は1色とカウントされる。そうなれば、紺（スーツ）と茶（靴）で2色になってしまう。シャツの選択肢は白でもサックスブルー（スーツと同じ青系）でも色の追加にはならないが、タイは青系か茶系と絞られることになる。もし、レジメンタルタイが紺や茶以外の色を含んでいたら使えなくなってしまう。それに対して、黒靴ならば、紺（ブルー）もしくは、他の1色を選択できる。たった1色だが、自由度が上がる。もちろん、紺1色＋無彩色という選択も考えられるし、とても控え目で保守的な組み合わせである。

ジャケパンスタイルについても考えておこう。

この本でジャケットは紺の無地を勧めている。それで、1色（紺）追加となっている。シャツは無地の白かサックスブルーならばカウントされない。ただし、ズボンに千鳥格子など（無彩色1柄）を持ってくれば1柄追加となる。ジャケットと別の色のウェストコート（オッドベスト）を用いれば、1色＋1柄追加。これで柄も色も選択肢はなくなり、タイはジャケットの紺、もしくはウェストコートの色（ジャケットの紺に寄せた選択肢）のどちらかで、かつソリッドタイ（0柄）しか選択肢はなくなる。

このように2色×2柄（実際は1色×1柄の選択）を徹底しさえすれば、選択肢は限られるものの、結果として、センスがよく見える。つまり、たとえ知識がなくても、この制限を守りさえすれば、センスを悪くするほうが難しくなってくるのだ。

したがって、同時に3色以上入ったようなストライプのタイは使えないことが理解できるだろうし、チェックはストライプと同じく、色も柄もふんだんに用いられていることがアダとなることも理解できる。この本でいっさいチェックを選んでいないのは、それが不自由極まりないからである。

●不自由を徹底すること

スーツはストライプ（1柄）の紺（1色）。

シャツは白かサックスブルー。（無彩色、またはスーツと同系色）追加の色はなし。

ホーズは無地でズボンに合わせる。色柄ともに追加なし。

靴は黒（同系色）。

●不自由から得られる自由

ウェストコートとタイは1色＋1柄で抑える。タイは紺で揃えていれば、追加の色はなし、柄はタイによる。タイで柄を使えば、ウェストコート（0・5柄）は使えない。

タイをソリッド（紺以外）にするときは、1色使っているので、柄はウェストコート（1柄）を持ってくるか、シャツにカラーピン（0・5柄）をして、ラウンドカラー（0・5柄）にするというようにカジュアルダウンすることも考えられる。

同様に、ポケットスクエアはシャツの色に揃えているので、0・5柄追加されるだけなのを考慮して、あまり飾りを増やすことに腐心しないほうがいい。


このような視点からも、カフスやタイバーを1柄とみなしたり、色があることを考えると、これらを増やすことの難しさは数字でも理解できるようになる。

ディテールがすべてを台無しにすることもあるのだ。

もしあなたがスーツ初心者なら、この本に書かれたことは1つひとつすべて守ってほしい。そうすれば、ルールをすべて網羅できるだけでなく、クラッシックな着こなしに近づけられるし、結果的にミニマルな所有にもつながる。センスの向上や遊び、崩しというものは、その次の段階で取り入れればいい。

「四十八茶百鼠《しじゅうはっちゃひゃくねずみ》」という言葉があるように（四十八と百は「たくさん」という意味で使われていて、実際にはこの数字よりも多いバリエーションがあったといわれている）、1つの色だとしても、迷えるほどの選択肢があることは知っておいてもいいことだろう。

さまざま茶系・灰色系の色が生まれた背景は、江戸時代に町人の贅沢を禁止するという奢侈《しゃし》禁止令が出されたとする説が有力で、紅や紫の染色が禁止されたことにある。そこで、町人は許される範囲で、さまざまな色を生み出したといわれている。ここにも「不自由を自分に課すことで広がる自由」という例を見てとれるだろう。

センスというものがよくわからなくても、理屈で理解し、このように知識を肉づけしていけば確実に洗練させることができる。

鞄を使え！

Rule 18

スーツに物を入れない

スーツはポケットスクエア以外はいかなる場所にも物を入れてはならない。これは日頃の心がけで誰でもできることだし、お金もかからない。

したがって長財布をスーツの内ポケットに入れるべきではない。軽いものではないので、型崩れは避けられないからだ。どれだけ良質なものを着ていても、形が崩れてしまえばなにもかも台無しになる。あらゆるポケットは歴史的に培われた形式的なもので、実用的なものではない。

また、スーツもズボンも毎日着替えるものである。スーツに物を入れないのは、物忘れを減らす目的もある。

さらに、ズボンの後ろポケットに財布を入れるのは最悪といっていいだろう。自分でも違和感があるだろうし、ズボンばかりか財布も傷めてしまう。不経済でしかない。スマートフォンも同様である。

名刺入れも内ポケットに入れなくても、会議に必要な書類や筆入れといっしょに持ち歩けばすむ話だ。会議が終われば、鞄にしまえばいい。メガネもそのつどメガネケースに収納する。

ペンもインク漏れなどで衣類を汚すリスクがあるので、ペンケースを使いたい。

その他、定期入れや小銭入れ、ペンケース、靴べら、口臭ケアグッズなど、あらゆる小物は鞄にしまうべきものであって、スーツで代用するべきではないのだ。鞄こそが物を収納するにふさわしい機能を持っているのだから。

さて、スーツにこだわりがある方なら、おそらく小物にもこだわっているかもしれない。

ここで失敗談をひとつお話しよう。

20代の半ば頃、初めてＣｒｏｓｓのペンを購入したときのことである。当時スーツの着こなしに無頓着だった僕は嬉しさのあまり、スーツの胸ポケットにペンを挿していた。すると、いつもは優しくて人を批判することなどしない先輩が、強い口調で「そこはペンを挿すところではない」と指摘してきた。そのときは聞き流したが、午後にまた言われた。結局、僕はペンを内ポケットにしまうことにした。

先輩はその後、コンサルティング会社を設立し、今では成功者の仲間入りをしている。見ている人は見ているし、知っている人は知っているのだ。ルールを守ることが、必ずしも経済的な成功や仕事の成功に結びつくとは限らない。しかし、当時の僕がそうであったように、細部に無神経な人間はおそらく他の部分でも未熟だろうと察しはつくのである。そのような人間にたとえ協力者が現れたとしても、信頼関係など築けないことは想像に難くない。

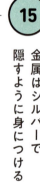

ゴールド不要

Classic 15

金属はシルバーで隠すように身につける

スーツはウール、タイはシルク、シャツやホーズはコットン、靴は牛革というように、スーツスタイルは天然素材が基本である。

時計は機械だが、クラシックなスーツスタイルを体現するなら、シルバーバンドはやめたほうがいい。

タイピンは不要であることもすでに述べた。ただ、ブレイシーズにせよ、ベルトにせよ、ボトムを吊る道具には必ず金具がついている。通常はシルバーである。

統一感の観点から、基本的にゴールドよりもシルバーを選択すべきである。

もっとも、歳を重ねた方がゴールドを身につけていると、ダンディだなと感じることもある。だが、若い人だと悪趣味にしか映らないので注意してほしい。

タイバーはやりすぎ感が出てしまうので注意が必要だ。しかも適切な位置よりも上にタイピンを持ってきていると、シルバーやゴールドがVゾーンがより強調され、たとえ柄物のドレスシャツやタイでなくても、キラキラしていて落ち着きのない印象を与えてしまう。

ウエストコートを着るときにはベルトのバックルを見えないようにすることはすでに述べたとおりである（第4章参照）。

まとめると、できる限り金具などの人工的な材料は使用しないことである。

選択せざるをえない場合はシルバーを選択し、さらにひっそりと隠すくらいの気持ちでいれば、クラシックに近づけるだろう。

自由な場所

Rule 19

革小物は素材を統一して色で遊ぶ

小物についても触れておこう。

どれだけスーツをきっちり着こなし、地味ではあるが上品なものを身につけていたとしても、それを持つ理由がないならば無粋となってしまう。

僕の小物に対する考えは、おそらく他とは違うので、受け入れがたいという人もいるかもしれない。しかし、50年後にはクラッシックの基準となることを目指してここに記しておこうと思う。ただし、僕のオリジナルな考え方ではない。

以前、仕事の関係上大阪と東京に住まいがあったことがある。2つの拠点を往復しつつ、海外を2カ月に1度は飛び回るという生活をしていた。そのとき、ふと見た雑誌に、「Ｂｒｏｏｋｌｙｎ Ｍｕｓｅｕｍ（ブルックリンミュージアム）」のプロダクトが掲載されていた。その後ネットで調べて、当時の社長に憧れたので、青山の店舗に足を運んだ。するとそこにはダンディな老紳士がいた。そして、彼の話は素材からカラーバリエーション、使い勝手、サイズの理由など延々と続いた。僕が惹かれたのは次の2点だった。

- 「ドルもユーロも入る」こと。出張にも使えるとなれば心が惹かれないわけがない。海外用の財布を用意するなどという同じ機能のものを2つ以上持つことをよしとしないからである（ミニマルの視点）。
- 「スーツスタイルでは遊べないのだから、せめて小物は遊んだらいい」といわれたこと。

当時、スーツスタイルのルールをあまり知らなかったので、2つ目の理由はよくわからなかった。そのとき買い求めたのは、オレンジのフレンチカーフの2つ折り財布だった。人生最初で最後の衝動買いである。

買い物をする際、僕はスマホのＴｏ Ｄｏリストに「欲しいものリスト」という項目を作りメモするようにしている。メモしてから2週間寝かせて、それでも必要だと思えば、具体的に選択肢を絞りはじめる。その後、比較検討を重ねて「これではないと嫌だ」という状態になれば買いにいくことにしている。僕は「一目惚れして」とか「なんとなく」といった理由でものを買うことはけっしてない。

ただ、そのときだけは違っていた。

先程の老紳士の接客には戸惑ったが、確かに伝わったことは、自社のプロダクトに誇りを持っているということだった。この直感は正しかったし、そのプロダクトを手にできたことは幸運としかいいようがない。

その後、「スーツスタイルでは遊べない」という言葉の意味がわかるようになってきた。「スーツはグレーか紺、靴は黒か茶、シャツは白か淡い色。革製品は靴の色に合わせる」。挙げ句の果てには「タイはストライプのベーシックなものを」というアドバイスが基本だからだ。

当時はこだわり方を知らなかっただけだが、この先ずっと同じ「制服」で40年を過ごすと考えるとうんざりした。そんなとき、当時の社長の言葉を拡大解釈したわけである。「スーツスタイルは遊べないのだから、それ以外の革小物は遊んでもいい。いや、むしろ遊ぶべきだ」と。

結果、Ｂｒｏｏｋｌｙｎ Ｍｕｓｅｕｍのプロダクトは僕のチェックリストに入ることとなり、ボーナスや臨時収入、毎月のコツコツとした貯金、あるいはプレゼントで、次第に手元に増えていった。

都合のいい考え方だが、スタイルとは「間違っていたとしても、続けたい」という横暴さのなかに宿るのではないだろうか。

小物において色の選択は統一していないが、1つだけ気遣っている部分がある。それは、素材を揃えるということ。誰も気がつかなくても、自分だけが知っている。男のオシャレとはそういうものではないかと考えている。

Minimal 17

逃げ道としての緑、カーキ

紺とグレーの次の選択肢

さて、これまでサイズや素材の選び方を中心に見てきた。

一方、柄は無地やストライプ、色は紺を中心にすることで「センス」を必要としない選択肢を述べてきた。

買い物の際に色で迷うこともあるはずだ。もう1つ選択肢を挙げておこう。

緑もしくはカーキである。

僕自身はイヤーマフや手袋のサイド、折りたたみ傘は緑を選んでいる。ガーメントケースは緑。ブリーフケースはカーキ、チェスターフィールドコート2着のうち1着はカーキ、といった具合にグリーンベースの色を多用している。もちろん、これまでのように紺中心でも問題はないし、靴と合わせるということで黒を中心に選択するのもいい。ただ、あまりに印象が重くなってしまうなと感じたときに、紺以外で選ぶとするならば、緑を検討するといい。何色でもいいのだが、不自由さを自分に課せば課すほど統一感は生まれる。

緑を選ぶ理由はいくつかある。

「色調のみについていえば、赤、黄などいわゆる異化作用の色よりも、緑、青などの同化作用の色が「いき」であると言い得る」（九鬼周造『「いき」の構造』より）

こう考えると、青の次に緑を次の1色として勧めることができる。

次に、緑自体の汎用性の高さを挙げられる。実際に合わせてみるとわかるが、紺や黒といったこれまで勧めてきた色と併用できるのだ。

緑、もっといえばカーキであれば年代を問わずマッチする。

さらに、茶と組み合わせれば、「自然」を取り入れることができる。茶の靴を大地として、緑（カーキ）の小物やタイを葉、淡い青を空や空気、紺を人工物と見立てるのだ。さらに小物を花と見立てて、色彩を豊かにするという考えもあるだろう。

なお、よく知られているように、緑は「中立や安心」、赤は「生命力や情熱」、オレンジは「明るさ、希望」というように色はそれぞれに意味を持っている。僕の場合、利害を調整する仕事が多いので、「中立」を維持することを信条としている。緑は僕のオフィシャルカラーなのだ。したがって、職場で使う文房具（ポストイットや小さいポーチなど）はすべて緑を基調としている。上司から「緑が好きなの？」といわれて、こうした説明をするのがはばかられたが、じつはこのような意図があるのだ。

最後に商品が豊富であるという利点もある。

たいていの商品に緑はカラーバリエーションとして含まれているので、持ち物の統一感を出しやすいのだ。濃淡まででは難しいが、周囲には「統一されている」という印象を与えることができる。こういう逃げ道を考えておくと、ビジネスで使うアイテムで迷うということはなくなる。購入時にそのときの気分やなんとなく見栄えがするからなどという観点で選ぶことを避けられる方法である。

お金の投じ方

Classic 16

時計よりは文具にお金を投じる

若さというものは選択の幅を狭めてしまう。相手よりも高級なものを持つことは、無礼に当たるというのはよく聞く話だ。

敬意を払って高級品を手に入れたのに、「なんだ、こいつは。俺よりも高いものを身につけやがって。無礼なやつだ」と思われたら本末転倒である。

時計というものは周囲から「見られる」ものだ。高級時計を見た相手はどう思うだろう。「いい時計をしているな。信頼のおけるやつだ」「いい時計をしているな。生意気だ」「いい時計をしているな。時計マニアか……」などなど。

相手の心理を読み解くのは難しいが、信頼を得るために、高価な時計が必要というわけではない。もし、お金に余裕があるなら、そのぶんを文房具に投じてみてはいかがだろう。

たいていの人は会社の備品や、なにかのノベルティを使っていることが多い。自腹を切れば、仕事に対する意識の高さを暗に示すことができる。「意識高い系」というような馬鹿げた揶揄を気にする必要はない。

また、ビジネスではペンを人に貸すシーンに出くわすことがある。

相手に気持ちよくサインをもらうには、良質なペンのほうがいいだろう。文房具は僕たちの武器になりえる。文具であれば、高価なものを持っていたとしても無礼には当たらないと考える人は多い。

なぜ高い文房具を使っているのかとたずねられたら、「大切な仕事相手に文房具を貸すシーンを想定しているのだ」と答えればいいし、事実である。

文房具は年齢を問わず、自由に高級なものを選択できる。そして、良質な文具には、時間を超えた価値がある。その存在自体がクラッシックなのだ。

大前提のマナー

Rule 20

清潔感を保つ

ファッション関係の本ではそんなに取り上げられることがないが、やっておくべきことを書いておく。

清潔であることはマナーの部類に入るが、これは口うるさくいってもいいすぎということはない。1週間に1度、ルーティーンとして手入れを定型化しておくことを勧める。

清潔感は、スーツスタイルを底上げしてくれる。逆にそうしたものがないと、いくらサイズにこだわった着こなしをしても、人から認められることはないだろう。

1 常に肌着を身につける

春夏はステテコとインナー、冬はモモヒキとインナーを着用する。

読者の方々も冬の防寒対策はしっかりされていると思う。ただ、夏にも肌着の目的がある。それは、衣類を汗で汚さないためだ。本書でも述べているように、スーツはクリーニングを極力控えたいので、汗が直接スーツに触れてしまうのは避けたいところだ。また、男性なら経験があるかもしれないが、尿もれの問題がある。僕も30代になってから尿切れがよくないときがある。ボクサーパンツでは水分の吸収が間に合わず、上に着ているライトグレーのパンツに染みているという恥ずかしい経験もあった。これを避けるためにも、ズボンとパンツの間に何か挟んだほうがいいだろう。その点、夏場のステテコは快適である。

2 家の鏡で後ろ姿を確認

他人のスーツの後えりが折れ曲がっていても、なかなか指摘できないものだ。しかも、自分では見えない部分である。出勤前に全身をチェックする習慣があっても、後ろは見落としがちなので、ぜひ後ろ姿を確認してほしい。

3 耳毛を抜く

意外に配慮していない人が多いポイントである。満員電車だとどうしても視線が顔にいってしまう。耳から毛が飛び出ているのはいただけない。鼻毛と同じように日頃からチェックしてほしい。

4 毛穴に注意

鼻毛や目やにという基本的なポイントにも注意されたい。加えて、女性が見ているのが毛穴だ。女性は毛穴の汚れや黒ずみといったものを気にするらしい。隠すという意味では、BBクリームを塗るというのも1つの手だろう。

5 爪

爪はきちんと切っておくべきだ。ただし、職場で爪を切るのは禁止してもいいくらいだ。職場で爪を切る音は黒板に爪を立てるのと同じように不快なものであるものだと心得てほしい。

6 傘

清潔感とは関係ないものの、傘は先端を地面に向けて持つこと。最低限のマナーだ。だが、これができていない人は多い。どれだけ服装が乱れていなくても、他人に配慮できないのは致命的だ。

Minimal 18

革製品の寿命とお手入れ

靴と同じタイミングでケアを

革小物も靴と同様に、時間とともに自分の使い方に寄り添ったものになっていく。長く使うためには、やはり手入れは欠かせない。

◎準備するもの

・豚毛ブラシ：小さいもののほうが使いやすい。
・無色（ニュートラル）な乳化クリーム：M・MOWBRAY「デリケートクリーム」
・ペネトレイトブラシ：小物用のブラシ
・クロスなど、色移りが気になる場合は、小物専用で所有しておきたい。

▼毎日のお手入れ

基本的には毎日手入れをする必要はない。ただし、何かを落としたとか、汚れた場合には拭き取るなど最低限のケアはしておくべきである。具体的には、小物専用のブラシを準備し、気になればブラッシングをするようにする。汚れを落としたあとは、クロスで乾拭きをする。また、特に時計は精密機械であるため使用後に乾拭きを行い、汗が残らないように注意する。

バックルなど金属部分には金属磨きを使用しないこと。金属磨きは研磨なので、傷つけていることと同じである。基本的には乾拭きで十分。ピカピカ光らせるのも品がよくないことである。

◎入念なケア

靴と同じ手順を踏む。表革は表革の靴と同じように対応する。スウェードも適宜補色クリームを用いる。その意味で、靴に使用する道具をそのまま利用できる。

ただし、ベルトや財布をはじめ、多くの革小物は衣料品にも近い場所にあることが多い。そのため、色が衣類に移ってしまうことを避けるためにも、色を付け足す乳化クリームを使う必要はない。その代わりに、M・MOWBRAYのデリケートクリームを塗るといい。これは、同様にペネトレイトブラシを使用したほうがいい。また、色はニュートラルなので、何色にも対応ができ、油分だけを浸透させることができる。

したがって、「中身をすべて出す」「馬毛でのブラッシング」「リムーバーを使う」「デリケートクリームを塗る」「豚毛で浸透させるのを待つ」「豚毛で再度ブラッシング」「クロスで拭き取る」「保管する」という手順になる。

なお、エキゾチックレザーについては、異なった乳化クリームを揃える必要がある。

鞄は使わないときは、中に新聞紙などを詰め、形を整えたうえで、不織布に入れておき、立てて置く。ベルトはS字フックを使用してクローゼットのスペースにかけておく。

ベルトの表面の革が剥げている人をよく見かけるが、修復方法がないので、破棄することをオススメする。

Column
5

お手入れを継続させる方法

海が近いところで育ったからか、小さい頃は魚釣りが好きだった。釣り仲間であるオジさんとの触れ合い、魚の引きを待つあいだの期待感、コーヒーを魔法瓶から注いで飲むひととき、どれも幸せな時間である。だが、僕がいちばん幸せを感じていたのは、釣りの前日に、仕掛けの試作品を自宅の浴室で試し、メモにする時間だった。そして、釣りから帰ると釣果と仕掛けの気づいた点を記録するのだ。たとえ1匹も釣れなくても、仕掛けが根がかりしなかったり、糸が絡まらなかったりすると嬉々としてそのことを記録したものだった。部活の忙しくなる中学生までは、時間があれば100円ほどの少量のエサを買って海に行っていた。暑い夏も、寒い冬も、1人でも。釣りの経験を綴った仕掛けノートは、僕の財産であり、同時にモチベーションの源泉でもあった。1つひとつのアイテムの手入れに関しても具体的に記していた。

スーツや靴との付き合いは購入したら終わりではない。購入後もきちんと手入れをして、時間をともに過ごすことになるのだ。だから、お手入れをしようとする姿勢に否定的な人はいない。「もったいない」という日本人の文化的な美徳のあらわれでもあるだろう。それなのに多くの人が、スーツのブラッシングや靴磨きの大切さを知りながら、それを継続させることができないでいる。僕もかつてはそうだった。しかし、継続を試行錯誤するなかで1つの方法にたどりついた。それはシンプルなことだった。エクセルで管理して更新を続けるだけである。だが、これを実行している人は、Twitterで知り合った1人しか僕は知らない。

記録している項目は次の5点だ。

・アイテムのメーカー、サイズ、色などのモノ自体の情報
・価格
・いつ購入したか（プレゼントの場合は、贈り主の名前や理由）
・いつまで使用するのか（いつ捨てるか）
・修理したタイミング、修理した箇所、直近のメンテナンス日

この管理法は、自分の持っているモノを可視化する利点があるのはいうまでもない。さ

らに、ちょっとした工夫をすることで愛着が増し、結果として手入れを継続させることができるのだ。いや、むしろ「早く手入れをしたい」という想いが沸々と湧き上がるくらいである。さて、1つひとつの項目を詳しく見ていこう。

◎アイテムのメーカー、サイズ、色といったモノ自体の情報

「持っていないモノ」も記載するという工夫が有効である。

例えばあなたが靴好きなら1年じゅう靴のことを考えているだろう。当然欲しい靴があるにちがいない。それをエクセルに記載しておくのだ。この本に書かれている最低限のものを揃えていない人もいるだろう。その場合、「(いつかは)持つもの」としてシートに記載しておくといい。趣味としてほしいのか、優先順位が高いものなのかの違いはあるが、記載することで意識するようにはなる。「これを手に入れる」のだと。

経済的な余裕が生まれたときに、このリストに書かれたモノを「実際に」手にするといい。それまでの時間が長ければ長いほど、手にしたときの喜びは大きくなるはずだ。それがあれば間違いなく愛着につながるのである。

◎価格

購入価格を記載する。もちろん、それ相応の対価を支払ったという記録の意味合いが強いが、僕には別の目的もある。減価償却を考えてみよう。モノは時間の経過とともにその価値を目減りさせていく。したがって、購入してから10年以上経つ靴は価値がないと判断されがちだ。しかし、僕たちがビジネスシーンで用いるモノに関して言えば、減価償却という考え方は捨てたほうがいい。むしろ、時間を経るごとに価値は増すのである。いや、価値を高めるために時間があるのだ。

例えば、あなたのシートには、手持ちの3万円の靴が記載されているとする。同時に、いつかは欲しい10万円の靴も併記されている。これを見て、手持ちの靴の価格を再考するのだ。もし、3万円以下の価値しかつけられないならば、購入時の判断か自分の管理の仕方が間違っていることになる。それは反省材料にしなければならない。もし、3万円以上の価値がつけられるならば、判断も管理方法も正しいことになるのだ。そして、その手持ちの靴を10万円の靴に近づけようと意識できる。理想をいえば、経済的な余裕に加えて3万円の靴の価値が10万円に限りなく近づいたといえるときに、その10万円の靴を手に入れるようにしたい。それは、時間を味方にすることができた証拠でもある。さらに10万円の靴に値する人間になったとも考えられないだろうか。そもそも管理できないモノを持つのは、創り手とモノに対して失礼な話である。モノはそれにふさわしい人間が持つべきだし、そういう人に買われたモノは幸せである。

仮に10年かけて3万円の靴を10万円の価値に上げられれば、これほどの愛着を持つこともないだろう。もっとも、そのときには10万円でその靴を譲ってくれという人がいても、手放したくはないだろう。

・いつ購入したか（プレゼントの場合は、贈り主の名前や理由）
・いつまで使用するのか（いつ捨てるか）

この項目を記入するときは、使用期間を事前に設定するといい。プレゼントならばそのストーリーをいつでも思い出せるように、贈り主の名前も記載しておくのである。

実用面でも、いつ買い替えをするかを事前に把握しておくことで予算立てができる。だが、そのことよりも期間を設定するのは、それがモノと自分との約束になるからだ。状態によっては、この期間が延長されることもある。目に見える「約束」を破ることは良心が痛むだろう。プレゼントだったり、特別なストーリーがあれば尚更である。寿命が目に見えることで、できるだけそれを長引かせたいという気持ちも湧いてくる。

◎修理したタイミング、修理した箇所、直近のメンテナンス日

素直に更新することが大事である。長くモノを使いたいと思うと、自分の管理方法を批判的に考える必要が生まれる。いつ修理したのか、どこを修理したのかということを記載しておくことで、何を酷使しているのか、あるいは丁寧に使っているのかということが一目瞭然になる。直近のメンテナンス日を記載することで、やると決めたことができていない不甲斐ない自分も認識せざるをえないだろう。誰も見ないのだから、素直に記載するようにする。ここまで自分を追い込むことができれば、あとは行動を起こすだけだ。

こうしたことを記録していないと認識すらできない。認識できなければ行動にもつながらない。行動につながらなければ、価値が落ちるばかりのモノが手元に残るだけだ。素直に更新すれば必ず行動は変わってくる。なぜなら、気持ちが変わるのだから。

たった1枚のエクセルシートですら、それが財産になり、モチベーションの源泉になる。僕の魚釣りの仕掛けメモのように。

あとがき

Rule 21

一度そでを通したらすべて忘れる

この本で説明したように、ある一定レベルのスーツスタイルはロジックで説明可能であり、その選択理由を説明できることがその人のセンスのバックボーンといえる。スーツに関する知識は体系立ててインプットしておけば汎用性も生まれる。そして、一度身につけてしまえば、必要なものの判別がすぐにつくようになる。この本を読んだあとに「気分」で買い物をすることもなくなるだろうし、周囲の人がいうことを中心に買い物することもなくなるにちがいない。

手元に17歳になるSEIKOブライツの時計がある。両親は僕の20歳の誕生日に「最後のプレゼント」として時計を選んでいいといった。ただし、次の条件があった。

- 日本のメーカー
- 白のフェイス
- 10万円以下

こうした条件がなければ、若さと未熟さゆえにトレンドを重視したメーカー選択に走ったり、身につける場面が限定されるような奇抜な色やデザインを選んだり、経済的に身の丈に合わない時計を選んでいたはずだ。今でも現役で活躍しつづけているこの時計を選ぶことはできなかっただろう。この本では「不自由」と表現したが、「条件」があるからこそ、若さや無知による過ちを回避できるのだとこの時計の存在が教えてくれている。

特にミニマルという制約上、色や柄についてはかなり絞っている。しかし、この本で得た知識があれば、TPOを検討したうえで他の色を取り入れるといった挑戦にも意識的に取り組むことができるようになるはずだ。そうやって基礎の上に自分のスタイルを積み上げていくことこそが、その人らしさであり、自己表現であり、真の意味で個性というものになるのだと思う。

この本に書かれていることを実践すれば、確かにハズレのない、どこでも通用する適切なビジネススタイルは仕上がるはずだ。しかし、僕は「基礎を体に染み込ませたうえで、自分らしさを早く追求してほしい」と心から願っている。なぜなら、ルールから逸脱したり、ハズレかもしれない賭けをしたりすることが人間らしさであり、人間であるがゆえに許された選択肢なのだから。

ただし、知識と経験から自信を持っても、Vanity（自惚れ）を消さないでいると、ダンディといわれる人たちがたどったような、悲惨な末路が待っているはずだ。読者のみなさんにはダンディにはなってほしいが、悲惨な末路を歩んでほしくはない。ダンディと称される有名人、例えば、ブランメルは借金からイギリスを追われたし、オスカー・ワイルドは男色をとがめられ投獄され、晩年はその失意から回復することはなかった。

老婆心ながら、着こなし上手となるうえで忘れてはならない言葉を紹介しておきたい。

紳士たるもの知性を注ぎ買い物に臨まなければならない。そでを通したあとは、これまでに要した知性や注意深さのいっさいを忘れ去らなければならない。

——ハーディ・エイミス（著者訳）

２０１９年11月　井本拓海

ハーディ・エイミス著、森秀樹訳『ハーディ・エイミスのイギリスの紳士服』
———— 大修館書店／2011年

服飾に関する海外の書籍を日本語で読めることは幸いである。終始、ウィットに富んだ文章にニヤついてしまう。

宮崎俊一『ビジネススーツを格上げする60のルール』———— 講談社／2015年

多くの著書を持つバイヤー。ユーザー視点でのアイテム選択や知識はとても良心的である。

Alan Flusser, *STYLE & THE MAN,* ———— 1996, HarperCollins Publisher

ある程度英語ができるなら一読の価値はある。作りの良し悪しが、結果としてどういう部分に出るかということを記した書籍はそう多くない。

Alan Flusser, *DRESSING THE MAN,* ———— 2002, HarperCollins Publisher

使われている単語は難しいかもしれない。ただ、写真がふんだんに使ってありイメージをふくらませるには良質な資料。

Hardy Amies, *ABC OF MEN'S FASHION,* ———— 2008, V&P Publishing

比較的平易な英語で書かれてあるため、読みやすい。1つの言葉に対して、エイミスの定義が書かれてあるという作り。一般的な話かと思いきや、皮肉や辛口なコメントが見られ、読み物としても面白い。

もっとスーツに詳しくなるためのブックガイド

青柳光則『男のお洒落道　虎の巻』――万来舎／2017年

基本だけではなく、帽子やコートも取り上げている。カラー写真も多く、次のレベルに挑戦する際にかなり参考になる。

赤峰幸生『装い歳時記』――朝日新聞出版（Kindle版）／2014年

柄を３柄、４柄と増やす際には参考にしたい。写真はないが、平易に書かれてあるため知識がなくても簡単に読みすすめることができる。

飯野高広『紳士靴を嗜む』――朝日新聞出版／2010年
飯野高広『紳士服を嗜む』――朝日新聞出版／2014年

もっと知識を増やしていきたいと思うならば、必ず手元に揃えておきたい本である。書かれてある知識量から辞書としても使える。何か迷ったときには、これに立ち戻れば基本とその周辺知識を確実に手に入れることができる。

出石尚三『男のお洒落　基本の服装術』――海竜社／2004年

カジュアルについての記載もある。服に対する姿勢や心構えも学べる。決まりだけに固執するだけでもなく、トレンドを礼賛するわけでもないバランスのよい内容。読むとさまざまなことにチャレンジしたくなる。

落合正勝『［新板］男の服装術』――PHP研究所／2004年

この本に書かれていることをすべて実践すると確実に平均年収では不足する。ただ、著者自身の経験から導き出された豊富な知見は今後も長く残ることだろう。理想的なクローゼットを妄想するためにも必読。

滝沢滋『大人の男の服装術』――PHP研究所／2011年

メンズ服の歴史やフォーマルウェアも概観できる。また、フィッティングに関する記載が他の書籍よりも詳細で有益。

井本拓海（いもと・たくみ）

1983年生まれ、山口県出身。国際協力事業に従事。25歳からヨーロッパ、中東、アジア、アフリカなど海外での業務や駐在を経験し、現在1年のうち4分の1は海外勤務である。各国の官僚や経営者との仕事を通じ、スーツの着こなしはビジネススキルの1つであることを痛感。それ以降、和洋問わずさまざまな文献にあたり、スーツの着こなしを徹底研究。その成果をまとめたのが本書。著書に『世界で闘うためのスーツ戦略』（星海社）がある。

教養《きょうよう》としてのスーツ

センスなし、お金《かね》なし、時間《じかん》なしでもできる世界《せかい》レベルの着《き》こなし

著　者　井本拓海《いもとたくみ》

発行所　株式会社 二見書房
〒101-8405
東京都千代田区神田三崎町2-18-11
電話 03(3515)2311／営業　03(3515)2313／編集
振替 00170-4-2639

印　刷　株式会社 堀内印刷所
製　本　株式会社 村上製本所

乱丁・落丁本はお取り替えいたします。定価はカバーに表示してあります。

ISBN978-4-576-19195-9　https://www.futami.co.jp